prometeo
libros

prometeo
libros

LOS MONOPOLIOS DE LA VERDAD

Una investigación de Trust for the Americas y el Instituto
Prensa y Sociedad (IPyS)

Los monopolios de la verdad
Descifrando la estructura y concentración de los medios en Centroamérica y República Dominicana

Guillermo Mastrini y Martín Becerra

Equipo de investigación:
Giannina Segnini (Costa Rica), Carlos Dada (El Salvador),
Eduardo Marenco (Nicaragua), Rolando Rodríguez (Panamá)
y Jenny Cabrera.

Prólogo de Rick Rockwell

"Este estudio fue posible gracias al apoyo de la Agencia Canadiense de Desarrollo Internacional, bajo los términos de la contribución efectuada al Trust for the Americas a través de la Secretaría Ejecutiva para el Desarrollo Integral (SEDI) de la OEA. Las opiniones expresadas en esta publicación representan la posición de sus autores y no reflejan necesariamente la posición oficial de la Agencia Canadiense de Desarrollo Internacional, ni de la OEA".

Índice

A los lectores 9

Prólogo *por Rick Rockwell* 13

Introducción 21

La concentración en la propiedad de los medios: conceptualización
y metodología de análisis 35

Costa Rica 59

El Salvador 79

Guatemala 99

Honduras 123

Nicaragua 145

Panamá 165

República Dominicana 191

Conclusiones 211

A los lectores

En noviembre de 2006, el Trust for the Americas y el Instituto de Prensa y Sociedad (IPYS) anunciaron oficialmente apoyar la presente investigación sobre concentración de medios e industrias culturales en Centroamérica y República Dominicana, en el marco de la presentación del libro *Periodistas y Magnates* en Buenos Aires, Argentina. Este compendio de un previo estudio en Suramérica y México constituía la primera exploración con datos concretos, y desde la perspectiva de fenómeno económico, de la tan rumoreada dinámica de la propiedad de los medios de comunicación en manos de pocos. Sus investigadores Guillermo Mastrini y Martín Becerra reiteraban en la ocasión que la idea de formularse este estudio surgió de las interrogantes sobre las consecuencias que tendría una evidenciada concentración de medios en el trabajo periodístico y en las audiencias.

Si bien estas poco estudiadas preocupaciones aún no han sido develadas con rigor, Mastrini y Becerra dieron el primer paso para contestarlas y debatirlas. Idearon una matriz de análisis basada en datos económicos que permiten determinar los índices de concentración en cada país y cruzar los resultados para tener una comprensión nacional y regional de las dinámicas de las hegemonías mediáticas. Con apoyo de IPYS, la investigación de Suramérica y México salió a la luz pública el 6 de noviembre de 2006, y a finales de 2008 concluyó el estudio de Centroamérica y República Dominicana en un esfuerzo conjunto entre el Trust, IPYS, Mastrini, Becerra, y periodistas de la región que escarbaron la información necesaria para construir una base de datos reportados en 2004 y 2005 y efectuar el análisis de la región.

El proceso de recolección de datos de este estudio en 2007 y 2008 requirió la sagacidad e insistencia de los colaboradores en cada país. La ubicación de la información económica y/o constatación de su inexistencia se extendió más de lo planificado y dilató en parte la etapa de análisis de la investigación. La falta de sistematización de datos básicos económicos del sector de las industrias culturales en Centroamérica y República Dominicana es tan alarmante como su acceso público. Sin lugar a duda, la experiencia fue ardua pero la verificación paciente de los datos por parte de los investigadores permitió concluir exitosamente este primer mapa de la concentración de medios en la región.

Esta investigación pretende ante todo demostrar con evidencia fehaciente las tendencias de concentración en cada uno de los medios de la región; servir de consulta a periodistas, académicos y estudiantes interesados en el tema; formular otras incógnitas sobre las dinámicas de concentración de medios en el continente; así como facilitar el estudio de los efectos de la concentración en la democratización de la producción y divulgación de la información y contenidos periodísticos.

La culminación de esta primera exploración a la propiedad de medios en Centroamérica y República Dominicana es resultado del trabajo conjunto de periodistas, investigadores académicos y organizaciones no gubernamentales preocupados por los dictados y silencios de la concentración de medios de comunicación en la región; sus repercusiones en el complejo tramado de actores e intereses de las sociedades democráticas, y sus posibles soluciones. Agradecemos a todos ellos su interés, entusiasmo y dedicada colaboración en este estudio, como también a la Agencia Canadiense de Desarrollo Internacional (CIDA, por sus siglas en inglés), cuyo aporte financiero permitió la realización de este proyecto.

Para el Trust for the Americas, organización no gubernamental afiliada a la Organización de Estados Americanos (OEA), este estudio constituye sin lugar a duda un trascendental aporte para la comprensión y concientización de este fenómeno de "monopolios u oligopolios en la propiedad y control de los medios de comunicación (que) deben estar sujetos a leyes anti monopólicas por cuanto conspiran contra la democracia al restringir la pluralidad y diversidad que asegura el pleno ejercicio del derecho de la libertad de información de los ciudadanos", como lo establece el principio 12 de la Declaración de Principios sobre la Libertad de Expresión de la OEA.

Silvina Acosta
Gerente de Programas
Trust para las Américas
Washington-Lima, abril de 2009

Ricardo Uceda
Director
Instituto Prensa y Sociedad

Prólogo

por Rick Rockwell

La importancia de este libro no puede ser subestimada. En el momento que entra a imprenta, el cambio se cierne una vez más sobre Centroamérica. Mauricio Funes, anteriormente presentador de televisión y reportero de investigación, acaba de ser elegido presidente de El Salvador. La elección de Funes es significativa por muchas razones. La primera, es el primer líder del FMLN (Frente Farabundo Marti para la Liberación Nacional) en ocupar el más alto puesto de gobierno en El Salvador. Para el FMLN su liderazgo también es significativo en tanto que es el primer líder del partido que no participó en la larga guerra civil que azotó al país y terminó en 1992.

Pero en algunos sentidos, tan significativo como eso es que Funes, uno de los verdaderos pioneros de los medios de comunicación masivos e independientes en El Salvador en el siglo XX, ha construido un puente entre el poder de los medios y el poder político en su país. Él personifica las teorías que este autor, junto con Noreene Janus, presentaron en el libro *Media Power in Central América* (El Poder de los medios en Centroamérica) en 2003. La investigación necesaria para escribir el libro tomó cinco años, y como desafortunadamente sucede con cualquier estudio sobre sistemas dinámicos, ya necesita ser revisado.

La buena noticia es que con *Los monopolios de la verdad*, Guillermo Mastrini y Martín Becerra no sólo han emprendido la actualización y revisión necesarias, sino que han expandido el ámbito de las investigaciones sobre los medios regionales. La obra de Mastrini y Becerra, que les tomó dos años de trabajo, demuestra ser una visión general necesaria e importante del siempre cambiante sistema mediático en esta, tantas veces ignorada, región del mundo.

Dada la gran diversidad de las naciones centroamericanas (y también de las importantes islas naciones hispanohablantes del Caribe), uno se pregunta por qué parece haber un ciclo de interés tan extremadamente fluctuante por esta región. Parte de este ciclo parece estar determinado por los altibajos de los intereses estadounidenses. Ya sea que uno crea o no que los Estados Unidos tengan propósitos hegemónicos en la región, no se puede negar que la pauta de la relación de los EE.UU. con ésta fluctúa entre el desinterés intencionado a la sorpresa indignada ante la crisis más reciente y la participación directa excesivamente comprometida que con frecuencia incluye las intervenciones molestas de tropas, diplomáticos, contratistas y empresarios. Y una vez que los EE.UU. finalmente se retiran, el contador vuelve a marcar desinterés.

Pero, lo que Mastrini y Becerra han descubierto una vez más es que Centroamérica es más que un laboratorio para observar el experimento de democracias emergentes, y cómo esos sistemas de gobierno interactúan con estructuras mediáticas concentradas y algunas veces oligárquicas. Dadas las diferentes historias y culturas de cada uno de los pequeños países de la región, cada uno de ellos es una placa de Petri diferente para observar como la mezcla resultante de las nuevas estructuras políticas e instituciones se integrarán con unos medios centralizados que también están encontrando su camino en un nuevo entorno, con frecuencia desempeñando papeles que no son de apoyo a estados conservadores.[1]

Así es que El Salvador dará inicio a este proceso de desacoplamiento del sistema mediático oligárquico, que es muy conservador y está altamente concentrado, de su apoyo al Estado en 2009 conforme pasa a ser gobernado por un presidente centroizquierdista. El trabajo de Mastrini y Becerra proporciona el prólogo adecuado para comprender esta transición. Ellos hacen una presentación franca de la estructura de los diarios conservadores y la participación de Telecorporación Salvadoreña (TCS), de manera que un analista pueda obtener una impresión del paisaje mediático y comprender la tirantez por venir entre el gobierno y los medios, luego de lo que algunos

---

[1] Rockwell, Rick (2007) "Vestiges of Authoritarianism: Monopoly Broadcasting in Central America" en *Negotiating Democracy: Media Transformations in Emerging Democracies*, I. Blankson & P. Murphy, eds., State University of New York Press, pp. 35-50.

han llamado la campaña mediática (durante las elecciones de 2009) más sesgada y anti-izquierdista desde la guerra civil.[2]

Cruzando el Golfo de Fonseca, Nicaragua proporciona otro ejemplo de un Estado cambiante. Con el retorno de los Sandinistas al poder en 2007, el Estado nicaragüense volvió a estar bajo el control de un gobierno de izquierda luego de quince años de gobiernos conservadores y moderados. Aunque ya se pueden observar algunas diferencias en las reacciones de los Estados salvadoreño y nicaragüense ante este movimiento hacia la izquierda, ambas elecciones son mentadas con frecuencia como ejemplos de un nuevo movimiento hacia la izquierda en toda Latinoamérica. Algunos han llamado este cambio electoral una "marea rosa".[3] Los analistas de los medios están generalmente de acuerdo en que esta nueva inclinación hacia la izquierda, con frecuencia populista, de los gobiernos de la región, es causa de fricción con los sistemas mediáticos establecidos, los cuales son, con frecuencia, conservadores.[4]

El material de Mastrini y Becerra en este libro será útil para resolver las sutiles discusiones sobre las diferencias entre los cambios electorales en El Salvador y Nicaragua (si no en la región Centroamericana como un todo) y cómo el paisaje mediático de esos países frecuentemente manifiesta diferencias. Desde que retornó al poder, el reestructurado FSLN (Frente Sandinista de Liberación Nacional) ha seguido un libreto diferente que el de su gobierno en los años 1980. Siguiendo el ejemplo de Hugo Chávez (y con asesores proporcionados por Chávez) el FSLN en Nicaragua es sólo uno de los ejemplos latinoamericanos de un país que utiliza la plantilla venezolana para tratar con medios de comunicación críticos del gobierno. Las características generales de este sistema incluyen utilizar medios de

---

[2] Lovato, Roberto (2009) "Media War Heats Up Around El Salvador's Elections" in AlterNet, base de datos electrónica en internet, disponible en: http://www.alternet.org/audits/131692/media_war_heats_up_around_el_salvador%27s_elections_/, 15 Marzo 2009.

[3] BBC News (2005) "South America's Leftward Sweep" de la BBC News Online, disponible en: http://news.bbc.co.uk/1/hi/world/americas/4311957.stm, 2 Marzo 2005.

[4] Lauria, Carlos (2006) "Leftists Lean on the Latin American Media." The Committee to Protect Journalists [base de datos online]. Disponible en: http://cpj.org/attacks06/americas06/americas_analysis_06.html, 2006.

comunicación estatales o del partido para proyectar los mensajes presidenciales a la vez que se critica y combate a los medios que son críticos; utilizar la presión estatal, incluyendo la amenaza de eliminar credenciales y licencias, para hacer entrar en vereda a los medios privados oligárquicos y críticos; y utilizar el poder del Estado para adelantarse a las transmisiones comerciales privadas, también como medio para contrarrestar informaciones críticas. Aunque podría decirse que TCS y el sistema conservador de propiedad de los diarios de El Salvador presenta abundantes paralelos con el paisaje altamente centralizado y oligárquico de la televisión y la prensa escrita en Nicaragua, y es demasiado pronto para saber qué es lo que Funes hará exactamente cuando los mecanismos del Estado lleguen a estar completamente bajo su mando, las primeras evidencias dejan entrever que Funes podría adoptar un modelo diferente para tratar la inevitable fricción que se presenta cuando los objetivos del Estado y los de los medios no están alineados. Parte de la evidencia parece indicar que Funes y El Salvador seguirán un modelo similar al de Brasil, donde un gobierno centroizquierdista debió lidiar con la potencia mediática que es Globo.[5]

En vez de combatir las voces conservadoras, el Estado nicaragüense ha dirigido la mayor parte de su fuerza contra aquellos críticos que alguna vez mostraron simpatía por la causa sandinista. Así, por ejemplo, el destacado periodista Carlos Fernando Chamorro, en algún momento director fundador del diario sandinista Barricada, ha debido enfrentar la mayor presión para que restrinja sus reportajes de investigación, los cuales señalaban la corrupción y las conductas inapropiadas al interior del FSLN.[6] Es más, el trabajo de Chamorro como analista de los medios también proporciona percepciones fundamentales que Mastrini y Becerra utilizan en este libro para facilitar una mejor comprensión de los sistemas mediático y político de Nicaragua. Utilizando las observaciones de Chamorro sobre la evolu-

---

[5] Rockwell, Rick (2008) "Latin America" en Global Journalism: Topical Issues and Media Systems, A. De Beer & J. Merrill, eds., Allyn y Bacon, pp. 409-431. Ver también: Rockwell, Rick (2009) "El Salvador's Historic Elections" iVoryTowerz [internet media blog]. Disponible en http://www.ivorytowerz.com/2009/03/el-salvadors-historic-elections.html, 16 Marzo 2009.

[6] Carroll, Rory (2008) "Oxfam Targeted as Nicaragua Attacks 'Trojan Horse' NGOs" The Guardian [edición online] disponible en: http://www.guardian.co.uk/world/2008/oct/14/humanrights-voluntarysector.

ción del sistema mediático en Nicaragua, Mastrini y Becerra presentan un esquema complejo de la actual situación de las empresas de comunicación, que muestra no sólo un sistema mixto de mercado sino también inversiones hechas por empresarios que no son centroamericanos, como los mexicanos Carlos Slim y Ángel González.

El capítulo sobre Guatemala también enfatiza la importancia de González como empresario mediático clave en Centroamérica. Aunque González ha hecho inversiones en toda Latinoamérica, Centroamérica es donde construyó su imperio mediático y continúa siendo su base de operaciones.[7] Su control casi monopólico del sistema televisivo guatemalteco es sólo una parte importante de su imperio. Aunque González y sus propiedades han resultado ser controversiales en el pasado, y aunque Guatemala eligió su primer gobierno centroizquierdista en más de cincuenta años en 2007, el gobierno de Álvaro Colom se ha concentrado en otros problemas en vez de intentar cambiar el sistema altamente concentrado de los medios electrónicos de comunicación. Es importante, y así lo señalan Mastrini y Becerra, notar que el paisaje mediático guatemalteco, en el que los medios electrónicos están ultra-concentrados, puede ser único a nivel global entre sistemas en que los medios son de propiedad privada, y que quizás ningún otro sistema comercial esté tan altamente concentrado como lo que se ve en Guatemala.

Aunque la televisión es el medio más ascendente en toda la región (los teléfonos celulares y la tecnología de internet están incursionando con fuerza) la radio continúa siendo el medio dominante, especialmente en Guatemala y Honduras. El terreno montañoso y difícil de estos países es una de las razones por las que las señales de radio (con frecuencia gracias al uso de múltiples estaciones repetidoras) han tenido más éxito como medio masivo. Mastrini y Becerra resaltan este importante hecho en sus estudios, a la vez que señalan que otra de las razones por las cuales la radio continúa siendo dominante es el analfabetismo.

Al referirse a Honduras, Mastrini y Becerra hacen un recuento de la rica historia de la radio en el país y la actual incursión cultural de empresarios cuyas raíces son mexicanas y cubanas. Más importante aún, sin embargo,

---

[7] Paxman, Andrew (1999) "Ghostly Titan Works Below Radar" *Variety*, 31 Mayo 1999, p. 23.

es que los investigadores han encontrado estadísticas e información clave que revelan la penetración y estructura de rating de la televisión, tanto de señal abierta como por cable, en Honduras; información que había hecho mucha falta en la esfera pública.

José Manuel Zelaya, presidente de Honduras elegido en 2005, es otro de los gobernantes de centroizquierda en la región cuya postura en lo que se refiere a los medios privados es agresiva. Siguiendo el ejemplo venezolano, Zelaya ordenó a las empresas privadas que emitieran información aprobada por el gobierno como manera de contrarrestar lo que él llama distorsiones de los medios.[8] Al igual que con otros sistemas oligárquicos de la región, el gobierno de Honduras se vio en dificultades para lograr que sus mensajes sociales y culturales penetraran un sistema mediático que estaba horizontal y verticalmente integrado. Sin embargo, Mastrini y Becerra señalan que existen diferencias importantes entre el sistema hondureño y otros sistemas mediáticos concentrados en Centroamérica.

Los autores también revelan las diferencias entre el sistema panameño, también concentrado y sin embargo distinto, y los otros sistemas que describen en el istmo. Los autores están de acuerdo con la opinión de los *broadcasters* de la región y otros investigadores, quienes afirman que el sistema panameño ha reaccionado frente a la globalización protegiendo la solidez de sus propiedades de una incursión proveniente de afuera. Esto a su vez ha llevado a que la naturaleza oligárquica del sistema se fortalezca. Mastrini y Becerra hacen un recuento importante de la historia de las principales empresas de medios de comunicación de Panamá de manera que la reacción del mercado puede apreciarse a través de un proceso de evolución histórica.

Finalmente, además de describir los sistemas de la República Dominicana y los demás países centroamericanos, Mastrini y Becerra también señalan las diferencias más salientes entre el sistema mediático de Costa Rica y los del resto de la región. El sistema costarricense, si bien retiene algunas características de la jerarquía cultural, política y económica del país, también resalta su fuerte tradición democrática al ser uno de los sistemas más modernos y plurales de la región. Por ejemplo, el hecho de que más

---

[8] Simon, Joel (2007) "CPJ Urges President to Reverse Broadcast Order" [base de datos online]. Disponible en: http://cpj.org/2007/05/cpj-urges-president-to-reverse-broadcast-order.php, 31 Mayo 2007.

de un tercio de su población utilice la internet de manera regular, sitúa a Costa Rica entre los países líderes en este rubro en Latinoamérica (Chile y Argentina son los primeros), mientras que en países como Nicaragua y Honduras el índice de conectividad llega a un solo dígito.[9] De igual manera, aunque Costa Rica ha abierto sus puertas a empresarios tales como González (quien tiene un número considerable de propiedades en Guatemala y Nicaragua), su situación económica en el sistema mediático está equilibrada por otros propietarios extranjeros de medios y un sistema económico diverso que tiene más en común con países centroeuropeos que con los centroamericanos. Mastrini y Becerra señalan como explicación de la actual situación de los medios, importantes estructuras legales adoptadas por Costa Rica durante la década de 1970. Los autores concluyen que, al contrario de lo que sucede en países vecinos, en Costa Rica no existe ninguna empresa que domine el sistema de los medios de comunicación.

Esta conclusión no sólo es clara sino que también conlleva un importante mensaje. Lo cual no quiere decir que avalemos los métodos aplicados por Costa Rica. Es la opinión de este autor que los gobiernos de la región deben encontrar maneras y métodos propios para manejar sistemas económicos que parecen alentar la consolidación de los medios, en tanto que cada país tiene su propia historia, sus propios sistemas económicos, políticos y culturales. Pero si la programación a través de los medios ha de celebrar esta diversidad en vez de aceptar un punto de vista genérico (ya sea proveniente de los Estados Unidos, México o cualquier otro lugar), cada sistema deberá caer en cuenta, como ha sucedido en Costa Rica, que la diversidad en los medios y el equilibrio del poder de los grandes empresarios que los controlan deben ser precedidos por un sistema de leyes y un sistema político que respete el estado de derecho. El éxito de Costa Rica en esta área (y de otros países latinoamericanos) se debe a la solidez del sistema democrático de ese país.

Lo que Mastrini y Becerra han logrado con *Los monopolios de la verdad* es reunir una imagen estadística necesaria para cada uno de estos países que con tanta frecuencia son ignorados. Han proporcionado los bosquejos que actualizan el mapa del paisaje mediático de la región. Han sentado las bases para una mayor discusión de la evolución tanto de la política como

---

[9] Rockwell, (2008) "Latin America", op. cit., p. 414.

de los medios en la región. Han creado un texto esencial y fundamental que deberá ser consultado cuando otros debatan sobre cómo coexistirán en el futuro las estructuras mediáticas oligárquicas y la tendencia hacia la izquierda de los gobiernos latinoamericanos. Han sentado las bases para debatir la influencia de los modelos mediáticos de México, Venezuela y Brasil en la región. Es más, han creado la introducción necesaria para una futura revisión y análisis.

Introducción

"Por su importancia en términos de democracia, conviene subrayar la enorme influencia que los grupos de poder económico ejercen a través de los medios de comunicación social, la mayoría de los cuales están bajo control directo o pertenecen a grupos nacionales con los cuales tienen buenas relaciones y afinidades. A través de los medios de comunicación estos grupos hacen aparecer sus agendas particulares como agendas nacionales y tratan de influir sobre la opinión pública sobre políticas que ellos consideran críticas para sus intereses. Además, la influencia sobre los medios de comunicación y la ausencia de legislación efectiva que regule el acceso a los medios, les permite a los grupos de poder económico marginar a las voces que cuestionan la orientación general de la política socioeconómica. Como resultado, en algunos países del área ha disminuido la calidad del debate público sobre temas económicos, lo que a su vez ha influido negativamente en la legitimidad de las políticas públicas implementadas".

Alejandro Segovia[1]

Que un trabajo sobre los procesos de integración económica en Centroamérica haga referencia específica al papel de los medios de comunicación puede resultar sorprendente para alguien que no sea conocedor de la región. Mucho más si la referencia es a la concentración de la propiedad de los medios y el complejo entramado de intereses que existe entre el

---

[1] Segovia, Alejandro (2005) *Integración real y grupos de poder económico en América Centra: Implicaciones para el desarrollo y la democracia de la región*, San José, Fundación F. Ebert

poder político, el económico y el mediático. Sin embargo, para quienes transitan la cotidianeidad centroamericana, no sólo no debería llamarle la atención sino que es probable que le resulte lógico. Posiblemente no haya otro lugar en América donde los medios de comunicación hayan alcanzado un lugar tan determinante para la agenda política y económica. Desde elecciones de candidatos a presidentes (luego electos) realizadas en reuniones de directorio de un periódico a las rectificaciones de algunos aspectos de la política económica, todo puede tener lugar en las muy poderosas corporaciones mediáticas.

Los medios de comunicación son actores centrales de la compleja realidad de Centroamérica. Luego de décadas de predominio de gobiernos autoritarios, de múltiples dictaduras y enfrentamientos armados al interior de los países, desde la década de 1990 se asiste a un período de mayor estabilidad política. El paso a sistemas formalmente democráticos ha permitido superar también los casos más flagrantes de persecuciones físicas a periodistas. Sin embargo, el ejercicio del periodismo de investigación en la región es, con honrosas excepciones, otra de las deudas que el sistema tiene para acentuar una sociedad más democrática.

Uno de los mayores desafíos que enfrenta Centroamérica es como insertarse en un mundo que tiende a la globalización económica desde una posición que todavía presenta niveles de desigualdad estructural y pobreza propios de la pre-modernidad. Como señala el informe "Tendencias 07" auspiciado por Fundación Telefónica (2007): "Se ha fortalecido la integración en los últimos 15 años. La integración ha producido beneficios en términos de inversión, empleo y mejor aprovechamiento de las capacidades productivas regionales, así como el impulso de la incorporación regional en el mercado internacional. Sin embargo tal proceso de integración ha hecho más visibles las problemáticas que obstaculizan el desarrollo democrático de la región, entre otras, destacan las grandes desigualdades sociales y económicas en las estructuras de población de estos países y el cambio en la correlación de fuerza políticas a favor de los grupos económicos regionales y las empresas trasnacionales".

En la actualidad se asiste a una sutil puja entre los intereses contradictorios de las elites económicas locales y las grandes corporaciones mundiales que operan en la región. El informe sobre integración regional ya citado

(Segovia, 2005) indica que de las 100 mayores empresas en Centroamérica, 56 son norteamericanas, 28 europeas, 9 asiáticas, 5 latinoamericanas (una de Costa Rica) y 2 de Canadá. En materia de medios se observa una creciente disputa entre los propietarios nacionales de los medios y las dos grandes empresas telefónicas que operan en la región América Móvil, de Carlos Slim, y Telefónica. Con dificultades para concentrarse aún más, los primeros no dudan en usar sus fluidos contactos con el poder político para ralentizar el ingreso de las "telcos" al sector de medios. El escenario convergente de las telecomunicaciones y el audiovisual y la gran capacidad económica de las segundas les permiten entrar en nuevos mercados, recientemente el de la televisión por cable. Resta ver si los pocos grupos de medios que tienen alcance regional (La Nación de Costa Rica, Amnet, y González con base en Guatemala) alcanzan economías de escala que le permitan profundizar su internacionalización.

Un factor que acompaña la compleja inserción de Centroamérica en el proceso globalizador es el cambio del modelo económico en la región. El tradicional modelo exportador de materias primas, especialmente del sector agropecuario, ha dado paso a un modelo más diverso, en el que aparece una tibia industrialización (maquila) y un mayor protagonismo del sector servicios, con una importante incidencia del turismo. Este cambio trae aparejados desafíos para los dueños de los medios dado que existe una estrecha relación entre los propietarios de los medios y las oligarquías nacionales. Como se ha visto, las clases hegemónicas locales procuran aprovechar su influencia sobre el poder político a efectos de mantener su situación privilegiada en el nuevo entorno económico. Los medios de comunicación han acompañado el proceso de cambio de modelo y la integración regional, con intervenciones que simultáneamente resguardan los intereses de los grupos locales, en aquellas ocasiones que se enfrentan a los de los grandes capitales transnacionales.

Si bien han transcurrido más de quince años de una precaria estabilidad democrática en todos los países de la región, la capacidad de la sociedad civil para instalar sus demandas es susceptible de importantes mejoras. Por otra parte la estructura sindical es sumamente deficitaria. En los últimos años numerosas organizaciones no gubernamentales (ONG) y entidades de cooperación internacional han logrado generar mayores niveles de participación de la sociedad civil. Estas acciones dan cuenta de la preocupación de las organizaciones sociales de ampliar los debates e incluir nuevos temas vinculados a los derechos humanos, la libertad de expresión y el acceso a la información pública. Los medios de comunicación no siempre han acompañado estas iniciativas, aunque no han podido desconocer completamente la nueva agenda.

Los principales medios de comunicación han sido y son proclives a reflejar los intereses de las clases hegemónicas, los sectores empresariales y terratenientes. Durante décadas las principales diferencias entre los medios se limitaban a reflejar las disputas al interior de los sectores dominantes. El escenario más complejo de los últimos años ha generado una mayor diversidad en la cobertura mediática, que de todas formas sigue estrechamente vinculada a los grupos de poder.

El mercado de medios de comunicación es pequeño y se concentra generalmente en las capitales de cada país. La radio es el medio que presenta mayor penetración en los hogares centroamericanos. Sin embargo es claramente el menos importante económicamente. El sector radiofónico es el que menos ingresos genera por venta de anuncios publicitarios. De todas formas, los bajos costos de producción de la radio le permiten ser el que cuenta con mayor cantidad y diversidad de medios. Por el contrario, la televisión es el medio con mayor poderío económico y acapara en la mayoría de los países centroamericanos más de 50% de la inversión publicitaria. A la vez es el medio donde se podrán verificar los mayores niveles de concentración de la propiedad. Finalmente, la prensa escrita se destaca por su decisiva influencia en la generación de la agenda informativa. Predominan los diarios de circulación nacional producidos en las capitales de los países.

En términos generales acordamos con Rockwell y Janus (2003), quienes señalan que la presencia y cantidad de medios existentes en la región no necesariamente garantiza su desarrollo cualitativo. El sector de los medios de comunicación presenta un déficit importante tanto en su calidad como en su aporte a la construcción de la democracia en la región.

Por su parte las telecomunicaciones presentan un espectacular desarrollo en los últimos diez años. Si bien la telefonía básica mantiene índices de penetración muy bajos, sin que se aprecien indicios de una tendencia al crecimiento, la telefonía móvil ha tenido un impactante crecimiento en un plazo muy corto. En este sector, con la excepción hasta el momento de Costa Rica, es decisiva la participación del capital extranjero, a diferencia de los medios de comunicación donde predominan ampliamente los empresarios locales.

También en los últimos años ha comenzado el lento despegue de Internet. Todavía los índices de conectividad muestran niveles muy bajos, aunque se aprecia el desarrollo de portales de Internet especialmente dirigidos para los centroamericanos que viven en el exterior.

Uno de las grandes dificultades que enfrentaremos a lo largo de la investigación sobre la estructura de propiedad de los medios de comunicación es la falta de información y datos sistematizados. En general las estadísticas oficiales presentan retrasos y deficiencias, además de que no todas las agencias gubernamentales tienen políticas claras de transparencia.

Por su parte, tampoco se han podido encontrar estudios académicos que contribuyan a mejorar la comprensión del rol de los medios en la región centroamericana. Si bien existen numerosas facultades de Ciencias de la Comunicación y Periodismo en la región, no resulta hoy sencillo encontrar trabajos que aborden el análisis del desarrollo de la estructura y la concentración de las industrias culturales desde una perspectiva regional. La gran excepción proviene de Estados Unidos. En efecto, los investigadores Rick Rockwell y Noreene Janus (2003) han desarrollado una extensa y completa investigación sobre las relaciones entre el sistema de medios y el poder político y económico. La investigación de Rockwell y Janus constituye un antecedente insoslayable para el presente trabajo. También es importante destacar el trabajo de Carlos Chamorro (2002) quien, en un informe para el Programa de las Naciones Unidas para el Desarrollo (PNUD), presenta el panorama más completo sobre los medios de comunicación en Centroamérica en lengua castellana. Más recientemente el excelente informe dirigido por Bernardo Díaz Nosty (Tendencias, 2007) sobre los medios de comunicación en el escenario iberoamericano actualiza varios de los datos presentados en las investigaciones antes citadas. Claro que la amplitud de enfoque del informe deja menos espacio para la profundización en la sub-región centroamericana. Algunas ONG han comenzado a relevar datos sobre los medios de comunicación. Un aporte en este sentido lo constituye la página de Transparencia Internacional. Más allá de la estructura de medios, los informes de organismos como el PNUD o la CEPAL contribuyen aportes indispensables en la información general sobre la estructura socioeconómica.

En tiempos en que Centroamérica transita, no sin contradicciones y conflictos, una gobernabilidad generalmente conducida por autoridades electas en comicios libres, la ausencia de investigaciones sistemáticas sobre la estructura de las industrias de la información, la comunicación y la cultura en la región aparece como un déficit significativo, toda vez que el ejercicio democrático se asienta, en buena medida, en la disponibilidad de información. De hecho, la libre expresión y circulación de ideas, informaciones e intercambios han sido reconocidas hace más de medio siglo como derechos humanos universales.

La investigación que se presenta a continuación se asienta en un trabajo anterior realizado para comprobar el nivel de concentración en la propiedad de los medios en Sudamérica y México (Mastrini y Becerra, 2006). Este trabajo constituyó un primer paso en la tarea de desarrollar indagaciones sistemáticas sobre la estructura de las industrias de la información, la comunicación y la cultura en la región, que con esta investigación procuramos extender a Centroamérica. Este tipo de trabajos cuenta con cada vez más desarrollos a nivel mundial como se podrá apreciar en el primer capítulo.

El concepto de Centroamérica ha variado históricamente. En las luchas por la independencia (1821) estuvo vinculado a Costa Rica, El Salvador, Guatemala, Honduras y Nicaragua. Con la separación de Panamá y Colombia, el primero se integró a la región. Si bien formalmente República Dominicana pertenece al Caribe, en los últimos años ha iniciado un proceso de colaboración estrecha con los países continentales. De hecho participa de la Secretaría de Integración Económica Centroamericana (SIECA). En esta investigación utilizaremos un concepto amplio del término e incluiremos a los siete países mencionados.

Tomando como referencia entonces los antecedentes históricos, este trabajo pretende dar cuenta de la estructura y del proceso de concentración de las industrias culturales y el sector de las telecomunicaciones. Nos parece que dicho objetivo se presenta impostergable ante la dimensión política, social, cultural y, en los últimos años, económica alcanzada por las industrias vinculadas a la producción y transmisión de contenidos simbólicos.

Las industrias culturales y el sector de las telecomunicaciones serán aludidos en el presente trabajo como industrias info-comunicacionales[2]. Consideramos que su análisis en profundidad incluye necesariamente el examen sobre la concentración de los distintos mercados y sobre la concentración de la propiedad y la centralización de los capitales del sector, a partir del conocimiento de su estructura y de sus principales variables económicas.

Por otra parte, no es posible comenzar nuestra investigación sin considerar las principales dimensiones sociales y económicas que atraviesan la región. El estudio de las industrias culturales no puede ser realizado de forma aislada del contexto social dentro del cual se desarrollan. Consecuentemente, hemos tomado las principales variables socioeconómicas y les hemos incorporado en cada caso un breve marco histórico-político de los países de la región. Los indicadores de Naciones Unidas en sus informes periódicos sobre desarrollo humano son singularmente valiosos en el estudio comparativo sobre la evolución de las industrias info-comunicacionales en América Latina, pues el acceso de la población en los diferentes países a los bienes y servicios de la información, la cultura y la comunicación

---

[2] La noción de info-comunicación es útil analíticamente para aludir, en un mismo concepto, a todas las industrias y actividades de información y comunicación (por ejemplo, industria gráfica –libros, revistas, diarios–; industria audiovisual –televisión, cine, radio, fonográfica–, industria de telecomunicaciones, industria de informática y microinformática, etcétera). La presente investigación está guiada por el concepto de industrias culturales concebido por Ramón Zallo (1988) como "un conjunto de ramas, segmentos y actividades auxiliares industriales, productoras y distribuidoras de mercancías con contenidos simbólicos, concebidas por un trabajo creativo, organizadas por un capital que se valoriza y destinadas finalmente a los mercados de consumo, con una función de reproducción ideológica y social". De acuerdo con el mismo autor las principales ramas de las industrias culturales son la editorial discontinua (que incluye la producción de libros, discos y cinematográfica), la editorial continua (la prensa gráfica) y el audiovisual continuo (la radio, la televisión abierta y la televisión de pago). Con el objetivo de simplificar el esquema conceptual, nos referiremos a industrias info-comunicacionales para denominar al conjunto integrado por las industrias culturales, las telecomunicaciones e Internet.

están en buena medida correlacionados con el "desarrollo humano" que, a la luz del índice del PNUD, exhibe cada país.

En relación con la estructura poblacional, Centroamérica es un conjunto de pequeños países con un número relativamente bajo de habitantes. La sumatoria de la población de los siete países no alcanza los 50 millones de personas, con cifras que van de los tres a los doce millones de personas. Este hecho dificulta el establecimiento de economías de escala, tan importantes para el rendimiento económico de los medios. Pero además, si se considera que de acuerdo a las estadísticas del PNUD una parte importante de la población se encuentra marginada del consumo de bienes y servicios por cuestiones económicas, el tamaño de la mayoría de los mercados queda acotado a dimensiones muy pequeñas. Como se podrá apreciar más adelante, los productos culturales que tienen acceso masivo son aquellos que no implican pago directo para acceder a los mismos, como la radio y la televisión. En este sentido, Centroamérica se halla en desventaja en relación con otros países latinoamericanos donde se encuentran mercados de gran tamaño (como Brasil y México), o con una estructura socioeconómica con menores niveles de inequidad en el acceso a bienes culturales (Uruguay, Argentina).

La densidad de habitantes es muy despareja en la región. En todos los países la ciudad capital concentra un elevado porcentaje de la población del país. La estructura demográfica ayuda a explicar el problema de la concentración geográfica, hecho que determina una fuerte desigualdad en la oferta de bienes y servicios info-comunicacionales entre los habitantes de las grandes ciudades que cuentan con disponibilidad y diversidad de los mismos, y los del resto del país que carecen de la posibilidad de acceder incluso a los más básicos. Si bien la aparición de las llamadas nuevas tecnologías de la información y la comunicación permitió que la oferta se expandiese territorialmente, su acceso en este caso queda condicionado a la capacidad de pago. Por otra parte la topografía de la mayoría de los países, que si bien son pequeños en extensión son atravesados por cadenas montañosas que tampoco contribuyen a facilitar las comunicaciones.

Deben agregarse otros dos factores que también afectan seriamente el desarrollo de industrias culturales fuertes. Por una lado el bajo nivel de alfabetización de la población. Si se exceptúa a Costa Rica y Panamá, en el resto de los países analizados al menos un cuarto de la población queda automáticamente excluida del acceso a los recursos comunicacionales que requieran de una alfabetización básica. Por otra parte, si bien en los últimos años se ha acentuado el proceso de migración interna hacia las ciudades, todavía los índices de población rural son elevados. Cabe recordar que la estructura económica de la mayoría de los medios de comunicación (con la excepción de la radio rural, de recursos muy modestos) está vinculada a los grandes centros urbanos.

TABLA 1: ESTRUCTURA SOCIODEMOGRÁFICA

Año 2004	POBLACIÓN	HAB. X Km. 2	% alfabeti-zación	% Población Urbana
Costa Rica	4.284.481	83	96%	59%
El Salvador	6.757.000	312	85%	60%
Guatemala	12.389.000	113	69%	70%
Honduras	7.174.000	64	75%	52%
Nicaragua	5.142.092	43	78%	56%
Panamá	3.172.000	42	92%	70%
Rep. Dominicana	8.791.200	194	84%	64%

Por otra parte, si bien la estructura económica de la región ha experimentado un crecimiento en los últimos años, la situación dista de satisfacer al conjunto de la sociedad. Por un lado debe considerarse que el PBI de la mayoría de los países es muy modesto, y el producto bruto per cápita es muy bajo en comparación con los países desarrollados. Es especialmente bajo en el caso de Honduras y Nicaragua. Por otra parte, existe una marcada desigualdad en la distribución de la riqueza en Guatemala, El Salvador, Honduras, Nicaragua, y República Dominicana, lo que deriva en la existencia de importantes bolsones de pobreza e indigencia.

     Guillermo Mastrini y Martín Becerra

Tabla 2: PBI		
Año 2004	PBI Total (millones U$S)	PBI per cápita (U$S)
Costa Rica	18.592	4.376
EL Salvador	18.573	2.657
Guatemala	27.500	2.200
Honduras	6.901	962
Nicaragua	4.496	799
Panamá	13.700	4.325
Rep. Dominicana	29.333	3.247

Si se analiza el PBI per cápita en los países centroamericanos se distingue que dos de ellos, Costa Rica y Panamá, alcanzan niveles similares a los de los países de desarrollo medio, mientras que otros tres como República Dominicana, El Salvador y Guatemala se encuentran en un nivel medio-bajo. Es preciso recordar que en estos casos el PBI per cápita sólo refleja la magnitud económica del país, pero no cómo se distribuyen los bienes en su interior. Finalmente, los casos de Honduras y Nicaragua presentan estructuras económicas muy empobrecidas. Es importante considerar la estructura socioeconómica dado que el escaso desarrollo económico resulta un condicionante clave para el progreso de las industrias info-comunicacionales.

Gráfico 1

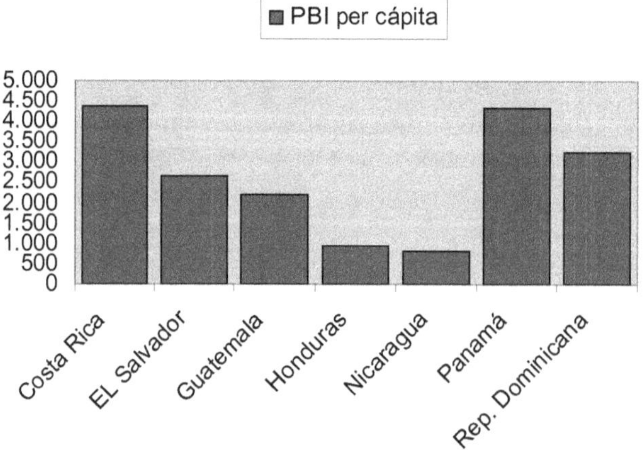

De una u otra forma, sea por las tradicionales barreras geográficas, las dificultades económicas, la inequidad en la distribución de los recursos, o por las nuevas barreras vinculadas al arancelamiento de los bienes y servicios info-comunicacionales, el acceso de la población a los mismos se presenta muy limitado en la región, comparado tanto con otros países de Latinoamérica como con los países desarrollados.

Por otro lado, una de las primeras conclusiones que puede extraerse de la presente investigación es la gran dificultad existente para conseguir datos precisos sobre las industrias que conforman el sector info-comunicacional. Esta situación se agrava si se trata de indagar sobre los indicadores económicos y sobre la *performance* de las empresas y grupos que actúan en ellas. De esta forma, los actores encargados de, entre otras tareas, informar a la sociedad sobre acontecimientos sociales, políticos, económicos y culturales (las empresas de comunicación y cultura) resultan ser sumamente opacos a la hora informar sobre sí mismos. Previendo este rasgo característico del comportamiento de muchos de los actores económicos de la región es que, como se explicará en el capítulo teórico-metodológico, se ha decidido trabajar con el año 2004 como referencia.

Si bien el dinamismo de algunos de los mercados info-comunicacionales investigados implica que, en algunos casos, los datos obtenidos no reflejen cabalmente la situación actual,[3] la decisión de concentrar el estudio en el año 2004 permite establecer rangos comparativos generales y focalizar la atención en un período donde hay mayor disponibilidad de información. En general, el relevamiento y procesamiento de la información en los países de la región considerados suele demorarse, además de ser de difícil acceso.

En efecto, los cambios que protagonizan las sociedades de la región, y singularmente la metamorfosis de las industrias info-comunicacionales, configuran un reto para actualizar los datos que aquí se han sistematizado. No obstante, entendemos que el valor específico de la presente investigación está cimentado en la sistematización de una multiplicidad de fuentes y en el hallazgo de datos válidos procedentes de casi todos los países acerca del sector en estudio y, por otro lado, en la labor de validación, integra-

---

[3] Los casos de la telefonía móvil e Internet son los que, por su rápida expansión, presentarán mayores diferencias en los datos del año 2004 respecto de la situación actual.

ción, cruce y síntesis de los indicadores construidos en base a los datos compilados por industria y por país.

Estos avances que se representan en los resultados concretos de la investigación conducen a contar, entonces, con una fotografía analítica de la estructura y del grado de concentración de las industrias de la información, la comunicación y la cultura en Centroamérica en el año 2004. La posibilidad de abrir con este trabajo la primera de una serie histórica que permita elucidar el comportamiento de las industrias info-comunicacionales en la región es, para quienes participamos del presente estudio, un necesario y consecuente desafío.

El trabajo que se presenta a continuación es fruto de la paciente investigación de un importante grupo de periodistas y académicos que rastrearon las más diversas fuentes con el objetivo de dimensionar la estructura económica y productiva del sector. Las múltiples fuentes y métodos de relevamiento de los datos constituyen un factor que puede relativizar en parte las comparaciones realizadas a partir de los mismos. Sin embargo, hemos verificado los datos con diversas procedencias, así como también procuramos observar rigurosamente los planos comparativos.

Estamos convencidos que la posibilidad de presentar por primera vez un panorama conjunto de las industrias culturales y las telecomunicaciones constituye un estímulo para que la sociedad civil, los gobiernos y los actores privados se esfuercen en socializar una información que es esencial para el funcionamiento democrático de la sociedad.

La estructura del trabajo está dividida en tres partes. En primer lugar se expone el marco conceptual y metodológico que permite situar el análisis de la concentración de las industrias info-comunicacionales en una perspectiva analítica crítica que, a su vez, se correlaciona con la producción de variables e indicadores para medir y comparar el desarrollo y la estructura del sector. En segundo lugar se presentan los informes sobre la estructura de las industrias info-comunicacionales de cada uno de los países estudiados (Costa Rica, El Salvador, Guatemala, Honduras, Nicaragua, Panamá y República Dominicana), en los que se midió el índice de concentración de cada una de las industrias y se retrató en base a la evidencia cuantitativa elaborada en el marco del trabajo y a los principales grupos que operan en el sector; por último se establecen las conclusiones surgidas del cruce de las industrias y de los países que forman parte del objeto de la indagación.

El informe que a continuación se presenta es fruto de la labor de un importante colectivo de personas. Fue en el marco de la Alianza Regional para la Libertad de Expresión que se impulsó la iniciativa de investigar la estructura de las industrias culturales en la región y la concentración de la propiedad de las mismas. Para ello resultaron decisivas las gestiones realizadas por la Gerente de Programas de Trust para las Américas, Silvina Acosta, y por el Director Ejecutivo del Instituto Prensa y Sociedad (IPyS) de Lima, Ricardo Uceda. Un colectivo de destacados periodistas de diversos países resultaron un apoyo fundamental para la investigación, con un compromiso que logró vencer los incontables obstáculos que presenta la obtención de la información necesaria para poder realizar una investigación de este tipo. Sin el apoyo de Giannina Segnini (Costa Rica), Carlos Dada (EL Salvador), Eduardo Marenco (Nicaragua), Rolando Rodríguez (Panamá) y Jenny Cabrera, hubiera resultado sumamente dificultoso acceder a la información que se presenta a continuación. El trabajo de coordinación de Jenny Cabrera (IPyS) y Karina Banfi (Trust) resultó decisivo y un permanente facilitador de nuestra tarea. Un grupo de colegas, Tatiana Merlo Flores (Argentina), Bernardo Díaz Nosty (España), Gustavo Berganza (Guatemala), Ana Mitila Lora (República Dominicana) y Thelma Mejía (Honduras) contribuyeron desinteresadamente con la investigación, leyeron escritos preliminares y aportaron importantes ideas que mejoraron la calidad del informe. A todos les hacemos llegar nuestro sincero agradecimiento por su inestimable colaboración.

Este libro, fruto de una investigación desarrollada en varios años de trabajo, sería imposible sin la comprensión y el apoyo familiar de Carolina (Guillermo) y de Julieta, Antonio y Felipe (Martín).

Guillermo Mastrini y Martín Becerra

La concentración en la propiedad de los medios: conceptualización y metodología de análisis

El trabajo que a continuación se propone pretende elucidar la estructura, comparar el desarrollo y explorar el nivel al que ha llegado el proceso de concentración de la propiedad de las industrias culturales en los países latinoamericanos. Pretendemos realizar dicho análisis considerando tanto la importancia económica y las particulares formas de funcionamiento del mercado cultural, como su incidencia sobre la política, la cultura y la sociedad, considerando centralmente las cuestiones de pluralismo y diversidad. Como ha señalado Rouet es posible reconciliar ambas perspectivas, "no tomar en cuenta las lógicas económicas reduciría la acción pública a un intervencionismo voluntarista, pero olvidar los retos culturales conduciría al economicismo"[1].

Por lo tanto, en este trabajo no pretendemos limitarnos a establecer mecanismos destinados a denunciar la concentración de la propiedad, pero tampoco queremos realizar una mera descripción del funcionamiento económico de las industrias culturales. Nuestro objetivo central es presentar, y someter a validación metodológica, una serie de dispositivos que permiten considerar la estructura y la concentración de la propiedad de los medios de comunicación –entre otras industrias de la información y la cultura– y los complejos factores que hacen a su regulación económica y política.

---

[1] Citado en Bustamante 2002.

Una de las mayores complicaciones que hemos afrontado ha sido el alcanzar una definición operativa del propio concepto de concentración. En los últimos años, el dinamismo del mercado comunicacional ha estimulado la proliferación de trabajos dedicados a estudiar los procesos de concentración. Más allá de la tradicional divergencia entre la sociología norteamericana empírica y la denominada escuela crítica, la definición de la concentración se ve desafiada por la irrupción de procesos como la digitalización, que tornan el panorama más complejo.

En el presente capítulo, además de sintetizar los principales enfoques y debates en torno al tema, tomamos la definición de las diversas formas de concentración como una base para explorar cómo se presenta hoy en América Latina y estudiar el funcionamiento de uno de sus principales emergentes, los grupos de comunicación. Del mapa nacional que surge de la matriz de concentración se desprende como conclusión de la investigación un cuadro comparativo, el que permite analizar la situación de la región en su conjunto.

Sobre la economía política del audiovisual

Como se ha señalado en la presentación, abordamos el estudio de la concentración de la propiedad de los medios de comunicación considerando tanto su dimensión económica como política. Ambas plantean situaciones específicas para la producción cultural y deben ser analizadas en particular y complementariamente.

En el plano económico, si bien comparte características económicas con los bienes de consumo, la producción cultural también tiene particularidades propias. Su principal característica es que su cualidad esencial, de la que deriva su valor de uso, es inmaterial, por ser un contenido simbólico transportado por algún soporte. En segundo lugar, la esencia de su sentido, del cual deriva el valor de las transacciones culturales, es la novedad. Si tenemos una información, generalmente ya no la necesitamos de nuevo.

Como es un bien inmaterial, no es destruido en el acto de consumo. En general, la característica de bien público de las mercancías culturales hace que su costo marginal sea extremadamente bajo y en algunos casos cercano a cero. Como se verá más adelante esto favorece las economías de escala, dado que cuantas más copias se realicen del prototipo el costo de producción promedio de cada unidad cae. El costo de suministrar la mercancía (el producto cultural) a consumidores adicionales es bajo, y es extremadamente reducido en relación con el costo del prototipo original. Los potenciales retornos de las economías de escala son continuos, y por lo tanto existen presiones para expandir el mercado hasta situaciones de oligopolio o monopolio.

Una característica complementaria es la necesidad de renovación constante de los productos culturales. Muchos autores señalan que por ello cada producto constituye un prototipo. Una alta proporción de los costos de producción se destina al desarrollo de nuevos productos. Esta alta rotación y el carácter simbólico de la producción cultural hacen que la demanda de cada nuevo producto cultural sea muy incierta. Las industrias culturales han desarrollado históricamente un conjunto de estrategias para tratar el problema de la realización del valor que deriva de la naturaleza de su mercancía. Estas estrategias determinan en gran parte la estructura de cada industria, que en muchos sectores es altamente concentrada. En otros ha demandado una fuerte intervención estatal para garantizar la diversidad.

Otra de las estrategias de las empresas ha sido no limitarse a economías de escala e impulsar economías de gama[2]. Para lograrlo es preciso controlar un conjunto o gama de productos o segmentos de mercado, para tener mayores chances de alcanzar un éxito. Pero ello implica también mayores barreras de entrada para potenciales nuevos competidores, porque se demandan fuertes inversiones iniciales para entrar en el mercado.

La combinación de economías de escala y de gama hace que haya fuertes presiones hacia las posiciones dominantes de las empresas más importantes de cada rama. Esto ha llevado a un constante intento de ampliar los mercados. Una vez saturados los mercados nacionales, los grandes grupos han comenzado, en distintos momentos según las ramas, su expansión transfronteriza. En los últimos años se ha apreciado una fuerte competencia internacional, con productores que buscan penetrar otros mercados. Se produce una puja entre los productores locales e internacionales por la disputa del mercado. Ésta se ve matizada por cuestiones de política cultu-

---

[2] Economías de gama es una de las posibles traducciones del término inglés *economies of scope*. Otras posibilidades serían: economías de enfoque o economías de alcance. El principio que intenta describirse es el de diversificación.

ral, y en muchos casos se ha presentado la necesidad de poner límites al desarrollo del mercado para sostener la diversidad cultural y el pluralismo informativo.

Las características económicas de las industrias culturales aquí sintetizadas deben complementarse con la impronta social y política de la producción simbólica. Esto significa que sus productos no sólo tienen un costo de producción y un valor de intercambio en el mercado sino, además, un rol muy significativo en la constitución de identidades políticas y culturales. En general los estudios en comunicación se preocuparon más por este último aspecto que por el económico. Desde nuestra perspectiva, y centralmente a partir de las transformaciones del sector en los últimos veinticinco años, ambas cuestiones deben ser consideradas en conjunto.

Desde un punto de vista sociopolítico, un elemento central está constituido por el pluralismo informativo y cultural que se halla en la matriz de materialización de los derechos humanos consignados en la Declaración Universal de los Derechos del Hombre, particularmente los de recibir y emitir informaciones, ideas y opiniones.

Una de las claves de la configuración de democracias modernas es la garantía al acceso y a la participación ciudadana en la puesta en circulación social de los mensajes, lo que define que la sociedad puede acceder a una variada gama de productos culturales y opiniones diversas.

La concentración de la propiedad de los medios limita esta variedad y existen diversos ejemplos de intervención de los Estados nacionales con el objetivo de fomentar la pluralidad. Básicamente esta intervención puede darse a través de dos mecanismos. Por un lado, se han sancionado leyes que limitan la concentración de la propiedad de empresas culturales, y por el otro se han otorgado subsidios para estimular el desarrollo de nuevos emprendimientos de carácter ciudadano, independiente o autónomo de los principales grupos productores y distribuidores de contenidos.

Se registran intervenciones estatales en los mercados culturales aun antes del siglo XIX, cuando la escala industrial de la cultura comenzaba a cristalizarse en Europa. En el siglo XX se consagra definitivamente la libertad de discurso y a la vez muchos Estados van a asumir directamente la producción cultural. Las empresas de servicio público de radiodifusión y los entes nacionales de cinematografía van a expresar el criterio de algunos sectores hegemónicos, especialmente los europeos, de no dejar sólo en manos del mercado la formación de la opinión pública (significativamente estos entes públicos, muchos de ellos no gubernamentales, se constituyeron a partir de la traumática experiencia del totalitarismo nazi-fascista). También en Estados Unidos, se puede apreciar la preocupación existente por la necesidad de impedir la concentración. En 1947 el Informe Hutchins, "A Free and Responsible Press", identificaba la concentración de la propiedad de los medios como uno de los tres grandes riesgos para la libertad de prensa. A diferencia de Europa, en Estados Unidos se buscó limitar legalmente la posibilidad de acaparar medios a través de las disposiciones de la Federal Communications Comision (FCC).

Debe considerarse, además, que no sólo la diversidad en la propiedad garantiza el pluralismo. También deben desarrollarse mecanismos que permitan una mayor variedad de contenidos y el reflejo de las distintas identidades, tradiciones y prácticas. La diversidad en el contenido de los medios representa un espejo central del pluralismo político y cultural de una sociedad.

Diferentes preocupaciones frente a la concentración

Podemos distinguir tres posiciones en relación al fenómeno de la concentración: una perspectiva liberal que no cuestiona los procesos de concentración salvo en casos de monopolio, la escuela crítica que encuentra en la concentración de la propiedad uno de los principales mecanismos del capitalismo para legitimarse y, en tercer lugar, la escuela pluralista que no comparte esta crítica pero advierte sobre los riesgos de la concentración y reclama la participación estatal para limitarla.

Desde una perspectiva liberal Eli Noam (2006) destaca que "El pluralismo es importante. Pero no es posible definir y medir de forma conceptual, práctica o legal el vigor de una mercado de ideas. Lo mejor que se puede hacer es contar las voces, y asumir que en un sistema competitivo, la diversidad de información se incrementa con el número de sus fuentes". Para realizar un mejor análisis del impacto de la concentración de la propiedad de los medios, Noam propone dividir el índice HH, que marca poder de mercado, por la raíz cuadrada del número de voces. De esta forma el índice permite considerar la diversidad de los mercados.

Otros trabajos recientes en Estados Unidos (Della Vigna y Kaplan, 2006, y Groseclose y Milo, 2005) procuran mostrar que la presencia de grandes medios no afecta definitivamente el balance informativo, las fuentes utilizadas o incluso el comportamiento electoral. De esta forma, la concentración de la propiedad no representaría una amenaza para las sociedades democráticas.

En Europa las tesis liberales encuentran correspondencia en los trabajos de los españoles Alfonso Nieto, Francisco Iglesias y Alfonso Sánchez Tabernero. Nieto e Iglesias (2000) señalan que "no calificamos como legítimo el poder de informar que se fundamenta en situaciones de monopolio [...] manifestación directa del poder político o del poder económico que impide la competencia en el mercado de la información. Alfonso Sánchez Tabernero y Miguel Carvajal (2002), relativizan la concentración de los mercados de medios al señalar los límites del fenómeno: el crecimiento desmesurado puede producir parálisis. Si bien los autores reconocen que la concentración de poder puede obstaculizar la libre competencia y dificultar el contraste de ideas, destacan que no es conveniente detener los procesos de crecimiento, porque de esta forma se penaliza el éxito y se frena la innovación.

Por su parte, un estudio de investigadores vinculados al Banco Mundial destaca que en la sociedad y la economía modernas la disponibilidad de información es central para la mejor decisión de los ciudadanos y los consumidores, porque determina la eficiencia. Los medios son intermediarios que recogen información y la ponen a disposición de consumidores y ciudadanos, y de acuerdo a su criterio la organización privada de los mismos es netamente superior a la pública (Djankov et altri, 2001).

Desde otra perspectiva, la escuela crítica ha denunciado los procesos de concentración de la propiedad. En un trabajo pionero, Ben Bagdikian (1986) demuestra cómo los propietarios de los medios promocionan sus valores e intereses. Su interferencia en la línea editorial puede ser indirecta, mediante la influencia de los editores y la autocensura, o directa cuando se indica la reescritura de un texto. La concentración de la propiedad en manos de los sectores dominantes económicamente tiende a dificultar que se expresen las voces críticas al sistema. En la misma línea, pero mucho más cercanos en el tiempo, Edward Herman y Robert McChesney (1997) alertan sobre los riesgos de la concentración comunicacional a nivel global, trascendiendo las históricas barreras nacionales "Según la lógica del mercado y de la convergencia, deberíamos esperar que el oligopolio global de los medios evolucione gradualmente hacia un oligopolio global de la comunicación todavía más grande."

En Europa el investigador inglés Graham Murdock ya a comienzos de la década del 90, observaba con preocupación los conflictos que plantea la concentración: "La defensa de la libertad de prensa había sido vista como una extensión lógica de la defensa general de la libertad de discurso. Esto fue plausible mientras la mayoria de los propietarios tenían un solo periódico y los costos de entrada al mercado eran bajos. (…) En el comienzo del Siglo XX se produce la era de los dueños de cadenas de periódicos y los barones de la prensa, llevado a los pensadores liberales democráticos a reconocer una creciente contradicción entre el rol idealizado de la prensa como un recurso de la ciudadanía y su base económica de propiedad privada" (Murdock, 1990).

En el área iberoamericana se destacan los trabajos de los españoles Enrique Bustamante (1999), Ramón Zallo (1992) y Juan Carlos Miguel (1993). El trabajo de este último presenta un detallado análisis de las estructuras y estrategias de los grupos de comunicación.

En un punto intermedio respecto a las escuelas anteriores encontramos diversos trabajos. Se destaca en primer lugar el análisis específico que realiza Gillian Doyle quien observa dos lógicas para abordar el fenómeno. Por un lado, los argumentos económicos o industriales que tienden a favorecer una aproximación más liberal al problema, con inclinaciones a permitir algún nivel de concentración. Por el otro, Doyle estudia las posiciones de que focalizan sus preocupaciones en la sociedad y los ciudadanos, el poder político, el pluralismo político y la diversidad cultural.

Pérez Gómez (2002) analiza las ventajas y las desventajas de la concentración en los sistemas de medios. Entre las primeras se destacan el aprovechamiento de sinergías y economías de escala, así como la posibilidad de mejorar la distribución y bajar sus costos. Entre los riesgos están su burocratización y la limitación de la competencia. De todas formas los mayores riesgos no serían económicos sino que habría que buscarlos en el plano del pluralismo informativo. Este autor no es contundente en afirmar que la concentración afecta decididamente el pluralismo informativo y destaca que es muy difícil determinar en qué casos si lo hace.

Finalmente Carles Llorens Maluquer (2001) observa la necesidad de defender el pluralismo y la diversidad en tanto formadores, no exclusivos, de la opinión pública, pero advierte que la homogeneización de los servicios audiovisuales se debe más a la competencia que a la estructura concentrada de la industria. De acuerdo a este autor "la liberalización del audiovisual ha proporcionado más pluralidad, aunque similares o inferiores niveles de variedad".

En América Latina tuvieron más influencia los autores vinculados a la escuela crítica, recuperadas en los trabajos de intelectuales de la talla del venezolano Antonio Pascuali o el boliviano Luis Ramiro Beltrán que plantearon la necesidad de establecer Políticas Nacionales de Comunicación que, entre otros objetivos, evitaran la concentración de la propiedad de los medios de comunicación.

En general, la escuela crítica se ha preocupado esencialmente por el efecto ideológico de los mensajes producidos por los medios y, en algunos casos, descuidó la dimensión económica de la producción cultural. Esto fue señalado tempranamente por el argentino Heriberto Muraro, quien realizó una crítica a las teorías de la dependencia cultural: "la importancia teórica y la fertilidad del concepto de manipulación nos impulsan a conservarlo; entendemos que éste nos previene de recaer en una sociología de la comunicación empirista y acrítica. Sin embargo, también se debe proceder a una revisión crítica de su sentido. La manipulación no puede ser adoptada como una explicación automática y apriorística de la cultura de masa; su eficacia es algo que no podemos dar por descontado. La teoría debería tomar en cuenta la estructura del sistema monopolista y de las estructuras políticas y sociales de carácter popular que pueden oponerse a las maniobras de los grupos dirigentes. En última instancia, el problema básico es relacionar la eficacia de los mensajes emitidos y sus contenidos con la conciencia nacional y de clase de la población de un país o grupo de países determinados" (Muraro: 1974, 102).

Estudios empíricos

Existen numerosos estudios que han abordado la difícil tarea de estudiar empíricamente los procesos de concentración de la propiedad de los medios de comunicación. En la mayoría de los casos, dichos trabajos remiten al análisis de la estructura nacional de determinados países. Muchos menos son los estudios que han generado una dimensión comparativa del proceso de concentración a escala regional.

La mayor preocupación en relación a este tema puede ser encontrada en Europa. Ya en los inicios de la década del '90 la Comisión de la Comunidad Europea encargo al estudio Booz-Allen & Hamilton el "Study on pluralism and concentration in media. Economic evaluation." (1992) En este trabajo aparece una fuerte preocupación por analizar los riesgos que enfrentaría el pluralismo a partir de los procesos de concentración, especialmente en la distribución y el consumo de los medios. El informe analizaba la situación de los doce países miembros de la Comunidad Europea en aquellos momentos. Si bien el foco principal del estudio estaba puesto en el estudio del consumo, ya se destacaba tanto la presencia todavía dominante de los medios públicos como el creciente rol de los grandes grupos de medios en los principales mercados de Europa. También advertía sobre una incipiente transnacionalización de las emisiones, todavía limitadas a las fronteras nacionales. Ante ello, proponía armonizar las diversas legislaciones existentes a efectos de asegurar el pluralismo.

Un estudio más reciente, encargado por la "Netherlands Media Authority" (Ward, 2004) analizó los niveles de concentración de la propiedad en los mercados de prensa nacional y regional, radio y televisión. Para ello observa el porcentaje de audiencia y de facturación que detentan los tres primeros operadores de cada país y la presencia de grupos de medios que detenten propiedades en diversos mercados de medios (propiedad cruzada). El informe asegura que existen diversos instrumentos regulatorios para asegurar que los mercados de medios mantengan el pluralismo. Sin embargo advierte que los procesos de concentración están alcanzando los límites establecidos por la legislación. Si bien los medios públicos todavía retienen considerable poder de mercado en radio y televisión, el informe destaca que a partir de los 90 la concentración de la propiedad de los medios ha incrementado su nivel año a año.

Otro trabajo europeo, pero focalizado en dieciocho países del este, da cuenta del creciente nivel de concentración de los medios en la región. Si bien el paso de los sistemas de medios estatales a sistemas mixtos tras la caída de los regímenes comunistas implicó en un primer momento la aparición de un importante número de nuevos medios tanto impresos como electrónicos, rápidamente se asistió a un fuerte proceso de concentración de la propiedad a partir de una lógica de mercado. Así, luego de un proceso de privatización, en la que los vínculos con la clase política estuvieron a la orden del día, tuvo lugar la aparición de los grupos de medios. El informe destaca los siguientes denominadores comunes: mercados pequeños y fragamentados, la relación de los propietarios de medios con los partidos políticos, la influencia estatal a través de los subsidios, el monopolio en la distribución de la prensa, y una creciente presencia del capital extranjero. Finalmente las recomendaciones del informe dan cuenta de la necesidad de establecer medidas regulatorias destinadas a limitar la concentración de la propiedad de los medios (Petkovic, 2004).

En América Latina hemos realizado una investigación que da cuenta de la estructura de los mercados de las industrias culturales y su nivel de concentración en nueve países de Sudamérica y México. Como se realizará en este trabajó, en primer lugar se analizó la importancia económica del sector info-comunicacional, para en un segundo lugar registrar los niveles de concentración en seis mercados (prensa, radio, televisión abierta y paga, telefonía básica y móvil). Finalmente se complemento la investigación con el análisis de los principales grupos de comunicación de cada país. El resultado obtenido da cuenta de un importante grado de concentración en todos los casos analizados. En promedios los cuatro primeros operadores de cada mercado dominan el 80% del mismo. (Mastrini, Becerra, 2006). En el presente libro hemos aplicado la misma metodología. De hecho, el marco conceptual y metodológico aquí presentado constituye una síntesis y actualización del anterior.

Este listado no agota los estudios sobre concentración de medios. Es útil para ejemplificar como se estudia la concentración. En general, los trabajos no presentan ninguna metodología para vincular la concentración de la propiedad con los contenidos de los medios. En todos los caso se destaca el alto nivel de concentración alcanzado en los distintos mercados, la presencia de grupos de comunicación que tienen posiciones dominantes en varios mercados de medios y la necesidad de contar con regulaciones que limiten la concentración en los sistemas de medios.

La perspectiva política y la cuestión del pluralismo

En este punto consideraremos el fenómeno de la concentración de la propiedad de acuerdo a sus implicaciones sociopolíticas y culturales. Cabe destacar que no hay mucha investigación empírica sobre este punto debido a que es una tarea muy difícil aislar el rol jugado por el modelo de propiedad para determinar el contenido ofrecido al público, y para evaluar la medida de los efectos producidos por los mensajes de los medios.

Sin embargo, son numerosos los trabajos que se refieren a la capacidad de los medios de comunicación para establecer una agenda de temas públicos cotidiana. De hecho, si en el apartado anterior relativizamos el concepto de manipulación, creemos preciso recuperar el concepto de determinación y condicionamiento, en la forma que lo hacen, a partir de Raymond Williams, los británicos Graham Murdock y Peter Golding (1981), "no en un sentido estrecho, sino en otro, mucho más amplio, de fijación de límites, ejercicio de presiones y clausura de opciones".

Históricamente se ha definido que la forma de garantizar el pluralismo es a través de la diversidad de medios, de múltiples voces, y de la expresión pública de diferentes definiciones políticas. Sin una provisión de medios abierta y pluralista, se perjudica el derecho a recibir e impartir información. Es por ello que este derecho no debe quedar confinado a la garantía de una estructura de propiedad no oligopólica, sino que también debe asegurarse la multiplicidad de contenidos en los medios.

Esta diversidad de propietarios y contenidos debe quedar reflejada en todos los niveles relevantes: el político, el cultural y el lingüístico.

El pluralismo político es la necesidad, de acuerdo a los intereses de la ciudadanía, de contar con un conjunto de opiniones representadas en los medios. La conexión entre propiedad y la influencia potencial de los medios, que es el mayor desafío al pluralismo, debe representar el foco principal de todos aquellos que lo promuevan. Su misión será asegurar que los medios de comunicación permitan la expresión del conjunto de las opiniones políticas y no sólo de aquellas afines a los intereses de los propietarios.

Pero también hay que asegurar que las diferentes culturas presentes en un país o región encuentren un canal de comunicación. El pluralismo cultural deberá reflejar la diversidad, que es consustancial a toda sociedad moderna. En este caso no sólo hay que considerar qué contenidos están disponibles, sino también cuáles son utilizados y apropiados por la ciudadanía, así como también cuáles son más consumidos en términos de cuáles presentan mayor eficacia comercial.

En la radiodifusión se conocen dos formas de organización de la programación: el modelo competitivo y el modelo complementario. En el complementario las emisoras no compiten por la audiencia sino que desagregan potenciales públicos con el objetivo de atender receptores con intereses distintos. En el modelo competitivo, todas las programadoras intentan captar los segmentos de audiencia más grandes. Los programas tienden a homogeneizarse en torno a los productos más masivos, y la diversidad de contenidos es menor. Es este último el predominante en América Latina.

La garantía de diversidad se cumple, asimismo, cuando se asegura que las minorías lingüísticas puedan expresarse y recibir información y programas en su lengua. Si bien en general el nivel lingüístico ha sido despreciado en América Latina, debe recuperárselo si se considera la multiplicidad de lenguas indígenas existentes.

Si la diversidad es garantía de pluralismo, los procesos de concentración implican en general la reducción de propietarios, la contracción de voces y una menor diversidad. Sin embargo esta relación no debe considerarse en forma absoluta. En algunos casos el crecimiento del tamaño de las empresas culturales puede acarrear beneficios. En mercados pequeños, sólo pocas organizaciones estarían en condiciones ideales para producir y para innovar. De esta forma, la cuestión del pluralismo puede ser visto en función de otras variables, incluyendo el tamaño de mercado y los recursos disponibles, que son aspectos estructurales del sistema de medios.

Por lo tanto, el problema no se restringe únicamente a la propiedad aunque ésta es una cuestión central. La diversidad es un factor muy influyente, aunque hay que considerar otros elementos adicionales.

En un sistema productivo con costos unitarios muy altos y bajos (o casi nulos) costos de reproducción, el pluralismo y la diversidad dependerán de la variedad de recursos disponibles. Para disponer de mayor diversidad informativa y cultural se requerirán más recursos. En este caso, los mercados grandes y saludables, con más recursos, pueden afrontar mayores niveles de diversidad que los mercados pequeños. El Estado puede intervenir para estimular la diversidad a través de subsidios (por ejemplo, subsidios cruzados entre las actividades rentables y las que no lo son), o permitiendo niveles de concentración que favorezcan la conformación de un grupo nacional con capacidad operativa diversificada. Por supuesto que luego se encontrará con serias dificultades para limitar su crecimiento.

En términos generales, los mercados culturales más de países con más habitantes y/o de mayor capacidad económica están en mejores condiciones para ostentar una producción cultural más diversificada, que los países que cuentan con mercados más pequeños. Para los mercados pequeños es importante considerar la disponibilidad de apoyos a la producción local frente a la extranjera, que suele resultar más barata. En los mercados pequeños puede presentarse una disyuntiva entre diversidad de proveedores (propietarios) y de contenidos. Estas disyuntivas son claves para una región como América Central donde todos los países son relativamente poco poblados y con grandes niveles de pobreza, dificultando la existencia de economías de escala para los productores locales.

Sin embargo, como norma general se observa que la cantidad de operadores es determinante para el pluralismo. Es difícil aceptar la idea que la diversidad de propiedad debe ser sacrificada para asegurar la diversidad de contenido. Sin embargo sí es materia de discusión cómo son administrados los recursos y analizar cuáles son los límites permitidos de propiedad y de contenidos. En este punto se entrelaza el nivel político con la estructura del mercado.

Por todo lo expresado, las reglas que limitan la concentración de la propiedad son importantes. Pero es preciso recordar que el pluralismo no sólo depende de la propiedad sino de otras variables relacionadas. A continuación intentaremos evaluar las restricciones económicas.

La perspectiva económica y la cuestión de la eficiencia

Desde la década del 80 se ha observado un profundo cambio tanto en la estructura como en el comportamiento estratégico de las principales empresas de comunicación. Efectivamente, el mercado comunicacional pasó de ser estático y regulado a largo plazo por el Estado, a ser un mercado sumamente dinámico y con menor capacidad de intervención estatal[3]. Paralelamente, los avances tecnológicos, el desarrollo de las Nuevas Tecnologías de la Información y la Cultura (NTIC), aparentaron aportar más diversidad, al posibilitar la caída de barreras de entrada históricas, por ejemplo en la televisión[4]. La expansión de Internet también trajo aparejada más y nuevos actores. Como se verá luego, los procesos de digitalización y convergencia también parecen favorecer el crecimiento y la diversificación del número de jugadores. Sin embargo, y pese a un aparente entorno favorable para la competencia, es en este período cuando se consolidan los principales grupos de comunicación y cuando se registran los mayores niveles de concentración y centralización de los mercados info-comunicacionales.

La situación ha supuesto (y supone) un desafío para los reguladores de la comunicación. En general, se han observado presiones para desregular la normativa referente a los medios convencionales, con el objetivo de estimular el crecimiento de los grupos locales y permitir que compitan con los grupos internacionales. De esta forma se cumple la paradoja del capitalismo señalada por Demers (citado en Doyle, 2002), la intensificación global de la competencia resulta en menos competencia a largo plazo.

En concreto, mientras se borran tanto las barreras existentes entre los distintos mercados de medios y productos (por convergencia), como las fronteras de los mercados nacionales (por desarrollo tecnológico y por la actuación de bloques regionales), se observa que el comportamiento competitivo de los operadores existentes dista de ser el ideal. Aparecen políticas de precios predatorios[5] destinadas a eliminar la competencia, se establecen cuellos de botella entre la producción y la

---

[3] Si bien entendemos que la participación estatal es decisiva para determinar la orientación general de las políticas económicas, así como para dirimir la competencia entre capitalistas, en este punto nos referimos a los procesos desregulatorios (re-regulatorios desde nuestra perspectiva) que implicaron menor participación estatal en la propiedad de los medios y una reformulación del carácter de su intervención en la regulación del sector y en su relación de poder con sus propietarios.

[4] Nos referimos aquí a los nuevos servicios televisivos: satelital, por cable, que en general introdujeron su financiamiento a través del pago de los consumidores. Es destacable que estos nuevos mercados quedaron enteramente en manos del mercado.

[5] Política por la cual las empresas bajan temporalmente sus precios hasta sacar a las empresas más débiles del mercado.

distribución, y se fijan potenciales controles oligopólicos sobre la red de distribución de contenidos.

En este sentido la administración de los recursos disponibles se aleja de la eficiencia. Si el argumento económico para permitir ciertos niveles de concentración es alcanzar una eficaz relación entre la estructura de mercado y el interés de las principales empresas, el problema que se plantearía aquí es que es muy difícil delimitar la talla crítica en que la empresa alcanza un tamaño ideal sin tener a la vez estrategias que perjudiquen la competencia. En los últimos años, los argumentos económicos han ganado peso en los debates sobre políticas de medios, sobre los que promueven la defensa del pluralismo. Especialmente desde que en los países desarrollados se observa el crecimiento de la participación de las industrias culturales en el PBI.

La ventaja de la concentración se centra en el incremento de eficiencia o el crecimiento de poder de mercado: en la economía la expansión puede ser positiva porque genera una mayor eficiencia en la administración de recursos, o negativa cuando la ampliación de las cuotas de mercado implican barreras para otros competidores. Cabe recordar que está generalmente aceptado que quienes tienen posiciones oligopólicas suelen destinar importantes recursos para mantener esa posición dominante. En este sentido, esos gastos no resultan eficientes para la administración general de recursos.

Desde una perspectiva económica liberal, la competencia permite la participación de nuevos proveedores en un mercado abierto, productos homogéneos y consumidores con información sobre el mercado. Frente a ella el monopolio impide asignar los recursos de la manera más eficiente porque implica precios altos, baja calidad, no innovación, e importantes gastos para mantener el monopolio. Las dos metas de la política económica en relación con la concentración de la propiedad deberían ser sostener la competencia y maximizar la eficiencia en la administración de recursos.

Sin embargo, como se ha señalado más arriba, en las Industrias Culturales se verifica una tendencia natural al oligopolio o al monopolio. No obstante, históricamente las restricciones a la concentración de medios se vincularon más con aspectos políticos que económicos.

En los últimos años se han preferido medidas que regulen la conducta de las firmas dominantes para impedir más abusos, sobre la posibilidad de restringir directamente la concentración. Se ha intentado remediar los comportamientos anticompetitivos y analizar caso a caso las fusiones y adquisiciones de medios, obligando en algunos casos a empresas a desprenderse de parte de sus activos para autorizar una fusión. Se ha observado que lo importante no era el número de propietarios sino las barreras de entrada existentes para que las empresas nuevas puedan operar eficazmente. Desde nuestra perspectiva, dicha política no ha podido mostrar ni éxitos ni eficacia.

En términos generales puede señalarse que del hecho de que haya ganancia potencial de eficiencia con la concentración se desprende que las políticas de propiedad y concentración tienen importantes consecuencias económicas. Sin embargo, esto no debe hacer olvidar el doble valor de la mercancía cultural: económico y simbólico. Es precisamente por ello que es muy difícil abordar el problema del "valor" del producto de las industrias culturales. La diversidad cultural y el pluralismo informativo constituyen factores de calidad y eficiencia.

Si la política de propiedad quedara determinada sólo por consideraciones económicas, el desafío principal para los reguladores sería evitar potenciales pérdidas de eficiencia, en una industria caracterizada por economías de escala y diversidad con tendencias al oligopolio. De aquí se desprende que la competencia y la eficiencia no pueden constituir los conceptos principales que definan las políticas culturales. Lo principal es la preservación del pluralismo y la diversidad y para ello hay que observar tanto la lógica política como la económica inherente al desarrollo de los bienes y servicios de la información, la comunicación y la cultura (Doyle, 2002).

El concepto de concentración

La concentración es un proceso, o el resultado de un proceso que, en un determinado conjunto, tiende a aumentar las dimensiones relativas o absolutas de las unidades presentes en él (Miguel de Bustos, 1993: 101). Independientemente de la forma elegida de crecimiento, la consecuencia es el aumento del tamaño de la empresa. Sin embargo, es obvio que no todas las firmas presentes en un sector crecen simultáneamente en la misma medida. El concepto de centralización sirve entonces para referirse a esta asimetría e implica el aumento de poder de un número restringido de empresas o grupos. Estos procesos son inseparables, y con el término concentración se alude al doble fenómeno de concentración / centralización.

Este doble fenómeno se presenta a partir del crecimiento de las empresas, basado en dos estrategias: el crecimiento interno que tiene lugar cuando se crean productos que permiten ganar mercado por inversión y acumulación; y el crecimiento externo que supone la compra de empresas en funcionamiento. Si bien la demanda de capital suele ser mayor en este último caso, presenta la ventaja de que los ingresos son inmediatos y el riego estimable. En el sector cultural, tanto el crecimiento interno como el externo pueden alumbrar tres formas de concentración que también pueden hallarse en otras industrias.

Puede definirse la concentración de la producción de acuerdo a la incidencia que tienen las mayores empresas de una actividad económica en el valor de producción de la misma. Por su parte, la centralización económica explica cómo unos pocos capitalistas acrecientan el control sobre la propiedad de los medios de producción en una sociedad determinada. El principal peligro de la concentración es la tendencia al oligopolio y el monopolio. Hablamos de situación de monopolio cuando dejan de operar las reglas propias de la fase concurrencial y en su lugar operan pocas empresas de gran dimensión.

Otras teorías menos críticas presentan matices a las afirmaciones vertidas arriba. Para los schumpeterianos, los mercados imperfectos con dosis de concentración estimulan la innovación y el desarrollo económico, siempre que no haya abuso de posición dominante en largos períodos de tiempo. Finalmente, las teorías clásicas sostienen la capacidad autoregulatoria del mercado y desestiman la actuación estatal para evitar la concentración.

En primer lugar se reconoce la Concentración Horizontal o Expansión Monomedia. Esta ocurre cuando una firma se expande con el objetivo de producir una variedad de productos finales dentro de la misma rama. La expansión es monomedia cuando se produce dentro de la misma actividad, con el objeto de acrecentar la cuota de mercado, eliminar capacidades ociosas de la empresa o grupo y permitir economías de escala. Este tipo de concentración fue tempranamente reconocido en la prensa, cuando se consolidaron los grupos de prensa. También hay fuerte concentración monomedia en los mercados fonográfico y cinematográfico.

En segundo lugar, la integración o expansión vertical tiene lugar cuando la fusión o adquisición de una empresa se produce hacia adelante o atrás en la cadena de valor y suministro. En este caso las empresas se expanden con el objetivo de abarcar las distintas fases de la producción, desde las materias primas al producto acabado para obtener reducción de costos y mejor aprovisionamiento. En general se destaca que esta forma de concentración permite bajar costos de intermediación. Los costos transaccionales se reducen, y se limita el poder de proveedores y compradores dominantes. En el sector audiovisual especialmente, las firmas dependen de acceso seguro a los contenidos y/o a las actividades de distribución de contenido. Este modo de concentración ha aparecido en forma constante de las últimas dos décadas en el mundo entero.

En tercer lugar, aparecen los conglomerados o crecimiento diagonal o lateral. Se trata de buscar la diversificación fuera de la rama de origen con el objetivo de reducir y compensar riesgos a través de crear sinergia. Según Gillian Doyle (2002), la evidencia marca que el crecimiento diagonal más efectivo es el que facilita compartir un contenido especializado común o una estructura de distribución común. La diversificación permite a las firmas desparramar los costos de los riesgos de innovación a lo largo de una variedad de formatos y métodos de distribución. La aparición fulminante de Internet pareció potenciar esta posibilidad. Uno de los casos donde más se han verificado estrategias de crecimiento conglomeral es en el caso de la prensa diaria que ha buscado incursionar en áreas más rentables como la televisión. Se trata de una estrategia a largo plazo con el objeto de buscar inversiones más seguras, dada la tendencia levemente decreciente de su tasa de ganancia.

Alberto Pérez Gómez (2002) distingue cinco formas de concentración: horizontal o momomedia, integración vertical, integración multimedia cuando un grupo controla distintos tipos de medios, conglomeral cuando trasciende el sector de la comunicación e internacional cuando trasciende las fronteras nacionales. A partir de la creciente convergencia entre los sectores de las telecomunicaciones, la informática y el audiovisual, hay autores que plantean la necesidad de incorporar la categoría convergente a los procesos de concentración (Miguel de Bustos, 2003). De esta forma aquellos movimientos que van desde *Off line* hacia Internet pueden ser considerados de convergencia. Por supuesto todas estas formas pueden complementarse o superponerse.

Como resultado de los procesos de concentración, la nueva empresa queda en una posición más fuerte que se erige como barrera de entrada contra otros capitales. En un mercado dinámico e internacionalizado, las empresas muchas veces se ven en la encrucijada de crecer a partir de la compra de empresas más pequeñas, o ser absorbidas por grupos internacionales.

La multiplicación de fusiones y adquisiciones de empresas del sector info-comunicacional ha implicado que la tradicional estructura de firmas ha dejado su lugar a una estructura de grupos. Cabe destacar, que pese a la creciente concentración, sigue existiendo una funcionalidad estructural de miles de pequeñas empresas que participan del sector, que aunque en la mayoría de los casos tienen una vida efímera y poca importancia económica, renuevan el mercado mediante la exploración de nuevos formatos.

El siguiente problema que plantea la concentración es cómo proceder a medirla. Se reconocen diversos métodos e indicadores como el "Indice de entropía relativa", el "Indice de GINI" que puede graficarse con la Curva de Lorenz, el "Four firm concentration ratio (CR4)", y el "Indice Herfindahl-Hirschman (IHH)". En esta investigación utilizamos el CR4 o porcentaje de concentración de mercado de las cuatro principales firmas del sector[6]. El CR4 o Índice de Concentración permite medir el nivel de concentración, en dos dimensiones que hemos seleccionado para esta ocasión: la facturación y el consumo o audiencia de las cuatro primeras empresas de cada mercado. Su aplicación es sencilla y de probada eficacia, y permite mostrar de forma contundente los niveles de concentración en las Industrias Culturales, aún a pesar de las heterogéneas realidades nacionales del universo de estudio (Sudamérica y México), y de la mencionada dificultad para obtener datos muy precisos.

Otro problema importante a dilucidar es la cuestión del control. Históricamente las empresas de medios de comunicación fueron de propiedad familiar. Sin embargo en las últimas décadas se observa un cambio paulatino hacia empresas de capital disperso. La fragmentación de la propiedad

---

[6] Un mayor desarrollo de estas fórmulas se encuentra en Juan Carlos de Miguel (1993: 103-105).

puede deberse a causas disímiles como la dispersión familiar tras el paso generacional; la participación accionarial de los empleados considerados más valiosos; las fusiones y adquisiciones; la participación de bancos que aportan dinero para afrontar los altos requerimientos de capital. Como se trata de analizar la relación entre concentración de la propiedad y el pluralismo y la diversidad cultural, se considera control a la capacidad de influir de modo decisivo. Tomaremos en cuenta el control según la participación en votos del directorio, independientemente de los derechos económicos. Se entiende que se controla totalmente una empresa cuando se detenta el 50% de los votos, y existirá un control parcial cuando se cuenta con más del 20% y menos del 50% del total de los mismos.

Según el carácter de sus accionistas la propiedad de los medios podrían clasificarse en cuatro categorías de propietarios: estatal, familiar, corporaciones (cuando ningún accionista detenta más del 20% de los votos); y social (cuando las acciones estén en mano de empleados, sindicatos, partidos políticos, ONG, instituciones académicas, iglesia, etcétera.). Como en la matriz de trabajo se focaliza en los niveles de concentración, y no en el tipo de propietarios de los diferentes grupos, esta clasificación no se destaca en el trabajo de campo.

Hacia la matriz de la concentración

En las siguientes páginas describimos las tablas en las que fuimos recogiendo y construyendo la información de cada una de las industrias info-comunicacionales estudiadas en cada uno de los países que conforman el universo de la investigación, para conocer la estructura de las industrias culturales en cada país, sus niveles de concentración y los principales grupos que en ellas operan. Los cuadros y gráficos que se presentan en las páginas siguientes han sido construidos en base a los trabajos previos de la Comunidad Económica Europea (1992), Miguel de Bustos (2002), Doyle (2002) y Zallo (1992).

Los datos e informaciones resultantes de la tarea de construcción de los cuadros y gráficos, cruzados y validados, son particularmente relevantes en la investigación para construir la Matriz de análisis de la problemática en América Central.

Luego de presentar unos breves datos sociodemográficos, imprescindibles para contextualizar la situación de cada país, pasamos a puntualizar los datos que componen la estructura específica de los mercados de cada industria info-comunicacional.

Más adelante, se explicita la matriz de análisis propuesta para considerar la concentración en términos generales (índice de concentración de cada mercado), los niveles de concentración horizontal, los niveles de integración vertical. En tanto, la dimensión conglomeral es analizada a partir de la estructura de los grupos de comunicación.

Indices de concentración

A continuación, se plantean los ejercicios concretos que han servido para organizar el análisis de la concentración de los mercados info-comunicacionales seleccionados para la presente investigación, en cada país. Los mercados seleccionados son el de prensa escrita, el de radio, el de televisión abierta, el de televisión de pago (cable y satélite), el de telefonía básica, y el de telefonía móvil.

Se han escogido estos mercados para la investigación, toda vez que se trata fundamentalmente de mercados de flujo, con una menor participación relativa de la fase "creativa"[7] (en relación con el resto de las industrias culturales) y con mayores niveles de industrialización en todas las fases del proceso productivo.

En un primer ejercicio se analizará el índice de concentración de cada mercado; los restantes tres ejercicios procuran demostrar el funcionamiento de la dinámica de concentración horizontal, de la integración vertical y de la dimensión conglomeral.

i. Indices de concentración de cada mercado: El objetivo es conocer el porcentaje de la concentración de los distintos mercados en cada país. Para ello, empleamos el concepto de "Razón de Concentración", de sencilla aplicación por basarse en la sumatoria de las cuatro compañías más importantes de cada mercado.

---

[7] Al aludir a la fase creativa nos referimos a la importancia de la fase inicial, intelectual de la obra cultural, que por sus características intrínsecas es más difícilmente industrializable.

Analizamos la "razón de concentración" a partir de dos variables: el volumen de facturación (para medir la potencialidad económica, en dólares estadounidenses) y el porcentaje de audiencia (para medir el impacto entre la audiencia y el público). Aunque puede suponerse que estos dos coeficientes tenderán a coincidir, será objeto de reflexión cuando esto no suceda. También será pertinente estudiar las diferencias que exhiban los distintos países analizados en la muestra.

Si se toma como variable la facturación, se obtiene la "razón de concentración" en función de la facturación según el siguiente esquema:

$C_f = x/z$

(donde **x** es la facturación sumada de los cuatro principales operadores de cada mercado, y **z** es la suma total de la facturación del mercado)

También puede tomarse como la variable la audiencia, obteniéndose la "razón de concentración" en función de la audiencia:

$C_a = y/w$

(donde **y** es la audiencia sumada de los cuatro principales operadores de cada mercado, y **w** es la suma total de la audiencia del mercado)

A continuación se detallan cuadros que en la investigación fueron completados por cada una de las industrias en cada país. Se consideró la facturación y el mercado de cada uno de los principales cuatro grupos u operadores de cada industria.

Con la información de cada mercado de cada país, se construye el gráfico que mide el Índice de Concentración de los distintos mercados por país;

En las páginas anteriores se ha venido trabajando, fundamentalmente, en las fases de distribución y de producción de contenidos. Sin embargo, para considerar los procesos de integración vertical es necesario contemplar las diferentes fases de generación de valor de la cadena de producción. Por ello, se hará hincapié en las siguientes fases:

Materiales e infraestructura: Producción de insumos básicos, equipos, aparatos (*hardware*), producción y tendido de redes.

Contenidos y servicios: Producción de programas, contenidos, servicios, empaquetamiento y archivo de datos.

Transporte, difusión y distribución: Distribución de señales, productos y servicios, comercialización y venta, envíos de información y comunicación.

Para elaborar los cuadros sobre integración vertical, se toma como universo a las dos primeras empresas por facturación, en cada mercado de cada país, verificando luego si estas registran niveles de integración vertical (presencia en al menos dos de las tres fases enunciadas). Posteriormente, se completa el siguiente cuadro.

Cuadro sobre Integración Vertical en los distintos mercados por país (datos simulados sobre Costa Rica).

Hilera / actividad	TV cable	TV satélite	Telefonía Básica	Telefonía Móvil	Internet
Materiales / Infraestructura			ICE	ICE	ICE
Contenidos/ Servicios			ICE	ICE	ICE
Transporte / Difusión / Distribución			ICE	ICE	ICE

Dimensión conglomeral

En este caso utilizamos el análisis de los principales grupos de info-comunicación como indicador de la dimensión conglomeral.

Como ha sido señalado, la definición operativa de grupos que adoptamos, tomando los aportes de Miguel de Bustos (1993), es la de un conjunto de empresas que ofrecen servicios info-comunicacionales (de los considerados en este trabajo) al mercado doméstico con una unidad central de decisión que define las estrategias del grupo y que controle totalmente, al menos, dos empresas y que controle parcialmente (participación) otras dos.

Modelos básicos de estrategias de los grupos

Con este esquema se pretende caracterizar las tendencias y modelos estructurales de los dos principales grupos, analizados en el punto anterior, a partir de sus estrategias de desarrollo.

Punto de vista (se especifican las variables posibles entre paréntesis)	Grupo 1	Grupo 2
Ambito Territorial (transnacional o nacional)		
Grado de Integración (vertical u horizontal)		
Modo de Crecimiento (externo, interno o mixto)		
Origen del capital (comunicación o extra-comunicación)		

A continuación se presentarán los informes de cada país, en base al relevamiento de datos en las diferentes industrias info-comunicacionales con el modelo de los gráficos y tablas que se han venido exponiendo.

Costa Rica

No hay dudas que Costa Rica es el país que más diferencias presenta con el resto de la de región de América Central. Tanto en materia económica como política tiene características particulares en relación a la historia reciente de Centroamérica.

Costa Rica es el país que presenta una economía más sólida, diversificada y pujante. Sus indicadores de desarrollo humano, por ejemplo el elaborado por el PNUD, se encuentran entre los más elevados de toda América Latina. La tasa de alfabetización supera el 96%, una de las mejores del continente americano. Suele ser mencionada como la "Suiza de América Central". Todavía presenta índices de población rural elevados en comparación con otros países sudamericanos.

Su economía se asienta la producción de materias primas, especialmente en el sector agrícola, con productos tradicionales como el café, el cacao y las bananas. Sin embargo, desde la década del 90 se asiste a un rápido desarrollo del sector servicios, bancos, y empresas multinacionales, que aprovecharon la estabilidad política para radicar en el país sus sedes regionales. En estos momentos se asiste a la implementación del Tratado de Libre Comercio con Estados Unidos, que puede generar importantes cambios en la estructura económica del país. Sin ir más lejos, durante el transcurso del año 2008 se sancionaron leyes y regulaciones destinadas a terminar con el monopolio público en materia de telefonía tanto móvil como básica.

En términos políticos, Costa Rica se ha destacado por su larga tradición democrática, apenas alterada durante un breve período a mediados del siglo XX. Si bien puede indicarse que es un país con una distribución de la riqueza más homogénea que sus vecinos esto no ha impedido que los principales cargos políticos hayan estado históricamente vinculados a familias de la elite costarricense.

De acuerdo al índice de Desarrollo Humano elaborado por el PNUD de las Naciones Unidad para el año 2007, Costa Rica se encuentra entre las naciones de desarrollo alto, ubicándose en el puesto 48, en el ranking global mundial. Como se ha señalado es el único país de los analizados en el presente estudio que se encuentra en el tercio superior. También es el país cuyo PBI per cápita es superior.

Estas características favorecen el desarrollo de las industrias culturales, dado que la población cuenta con recursos culturales y económicos para su consumo. El principal problema que deben enfrentar las empresas es el reducido tamaño del mercado costarricense que impide el desarrollo de economías de escala. Una característica particular del caso costarricense es la alta penetración del capital extranjero en la propiedad de los medios de comunicación. Como se podrá apreciar en las páginas siguientes, existe presencia de inversores foráneos tanto en la prensa como en la televisión.

Datos sociodemográficos:				
Población total por país		4.248.481 hab.		
Población urbana por país (porcentaje del total país)		59, 03%		
Población femenina y masculina (porcentajes)	Fem. 49,1	Masc. 50,9		
PBI total país (en millones de U$S)		$18.592,0		
PBI per cápita (en U$S norteamericanos)		$4.376,3		
Tasa de alfabetización de adultos (desde 15 años en adelante)		96 %		
Porcentaje de población económicamente activa empleada, semi-empleada y desempleada	Empl 85%	Semi 9%	DesE 6%	
Porcentaje acumulado de población para las cuatro primeras ciudades	28,3%	34,1%	36,8%	39,5%
Cantidad de habitantes por kilómetro cuadrado		83,14		

Estructura del mercado cultural

No ha sido posible obtener información que permita analizar la estructura del mercado costarricense de las industrias del libro, el disco y el cine. En el caso del cine, diversas consultoras indican que el 15% de la población adulta asiste a la salas de cine con frecuencia. Si bien este número puede ser bajo en términos mundiales es bastante alto para la región. La producción de películas es muy baja.

Prensa diaria

Costa Rica presenta el índice de lectura de diarios más alto de Centroamérica y los ingresos publicitarios de la prensa son muy altos. Es uno de los pocos países a nivel mundial donde la prensa genera más ingresos por publicidad que la televisión abierta. Los seis diarios existentes cubren todo el país, no existiendo una prensa regional de consideración. El Estado nacional no se ubica entre los primeros cinco anunciantes. De acuerdo a datos del año 2003, su gasto alcanzaba el 5% del total de los ingresos publicitarios de la prensa. Una particularidad del mercado costarricense es que uno de los principales periódicos es de propiedad extranjera.

Prensa escrita (diarios)		Año	Fuente
Cantidad de ejemplares vendidos anualmente; (parcial)	87.822.000	2004	Nuestros datos
Cantidad de ejemplares vendidos cada mil habitantes; (año)	20671,4	2004	
Cantidad total de títulos de prensa diaria;	6	2004	Grupo Nación
Volumen de facturación; (U$S)			
Volumen de facturación por inversión publicitaria; (U$S)	45.900.000	2004	
Porcentaje de títulos de circulación nacional sobre el total;	100%	2004	
Cantidad de gente empleada en el sector.	907	2004	Grupo Nación

Radio

La radio tiene en Costa Rica un alto nivel de penetración y una llegada a la casi totalidad de los hogares "ticos". Sin embargo, no existen tantas emisoras como en otros países de la región. Esto se debe al menor peso de las radios rurales. Es el medio que cuenta con el más alto grado de credibilidad entre la población, y el que presenta algunas emisoras con mayor nivel de independencia política que los diarios y la televisión abierta. El estado es propietario del 11% de las emisoras.

Radio		Año	Fuente
Cantidad total de aparatos receptores de radio	842.000	2007	EGM
Aparatos receptores cada mil habitantes	198		
Cantidad total de emisoras de radio	89	2007	Cámara Nacional de Radio
Porcentaje de emisoras de alcance nacional	Sin datos		
Volumen de facturación; (U$S)	18.600.000	2004	
Volumen de facturación por inversión publicitaria (U$S)	18.600.000	2004	Media Gurú
Cantidad de gente empleada en el sector			

1.6. Televisión

La televisión comenzó sus emisiones en Costa Rica en 1960. Pese a que existieron iniciativas para desarrollar emisoras públicas, la televisión quedó organizada bajo con régimen privado con fines de lucro. La penetración de la televisión en los hogares es alta (90%), pero no presenta la supremacía económica sobre el resto de las industrias culturales como en otros países de la región. Se observa una importante penetración extranjera, tanto en la propiedad de las emisoras como en los contenidos de los canales. El Estado es uno de los tres primeros anunciantes, y supera el 10% del total de la inversión televisiva en Costa Rica.

Televisión Abierta		Año	Fuente
Cantidad total de aparatos receptores de televisión	2.090.878	2007	INEC
Cantidad de aparatos receptores cada mil habitantes	492	2007	INEC
Cantidad total de emisoras de televisión	34	2007	Canal 7
Porcentaje de emisoras de alcance nacional	38%	2007	Canal 7
Porcentaje de programac. nacional sobre total	33%	2007	Canal 7
Volumen de facturación (U$S)	42.000.000	2004	Media Gurú
Volumen de facturación por inversión publicitaria (U$S)	39.500.000	2004	Media Gurú
Cantidad de gente empleada en el sector (junto a radio)	1.400	2007	Canal 7

1.7. Televisión de pago

Se calcula que el 29% de la población "tica" está abonada al cable. Es un porcentaje importante que se vincula con el poder adquisitivo medio alto de la población. En este sector es fuertemente dependiente de contenidos extranjeros. El cable en Costa Rica es operado principalmente por la empresa Cable Tica, del mismo grupo económico que uno de los grandes canales de televisión abierta.

Televisión de pago		Año	Fuente
Cantidad total de abonados al sistema de tv por cable	120.000	2007	Cable Tica
Cantidad total de abonados al sistema de tv vía satélite	2.500	2007	Cable Tica
Cantidad total de operadores de señales de cable	25	2007	Cable Tica
Cantidad total de operadores de señales satelitales	1	2007	Cable Tica
Porcentaje de señales nacionales (cable)	8%	2007	Cable Tica
Porcentaje de señales nacionales (satélite)			
Volumen de facturación			
Volumen de facturación por inversión publicitaria	1.200.000	2006	Media Gurú
Cantidad de gente empleada en el sector	300	2007	Cable Tica

1.8. Telefonía básica

Costa Rica es el único país de la región en el que la telefonía es un monopolio público. Al igual que en el caso uruguayo para Sudamérica (otro monopolio público) tiene la mayor cantidad de líneas por habitantes. Sin embargo, hay que destacar que el volumen de facturación del sector telefónico no es tan importante como en otros países. Como se ha indicado en la introducción, se espera que la estructura de las telecomunicaciones en Costa Rica enfrente una profunda reestructuración a la brevedad con la entrada de inversores privados, a partir de la re-regulación del sector.

Telefonía Básica		Año	Fuente
Cantidad Total de líneas de telefonía básica	1.402.382	2005	Grupo ICE
Cantidad de líneas de telefonía básica cada mil habitantes	316	2005	Grupo ICE
Cantidad total de operadores de telefonía básica	1	2004	
Volumen de facturación (U$S)	233.000.000	2004	Grupo ICE
Cantidad de gente empleada en el sector	6.580	2007	Grupo ICE

1.9. Telefonía móvil

Al igual que en el caso de la telefonía básica, la telefonía móvil esta bajo monopolio público con la empresa ICE, Instituto Costarricense de Electricidad. Al año 2004, la cantidad de líneas móviles era todavía inferior al de las básicas. Este hecho también es infrecuente en la región donde las comunicaciones móviles desplazaron rápidamente a la telefonía básica.

Telefonía móvil		Año	Fuente
Cantidad Total de líneas de telefonía móvil	921.920	2005	Telcor
Cantidad de líneas de telefonía móvil cada mil habitantes	217	2004	Grupo ICE
Cantidad total de operadores de telefonía móvil	1	2004	
Volumen de facturación (U$S) Estimado	228.386.000	2004	Grupo ICE
Cantidad de gente empleada en el sector	6.580	2007	Grupo ICE

1.10. Internet

La penetración de Internet en Costa Rica es importante a nivel regional, aun cuando su desarrollo en medio en términos mundiales. El mercado de Internet ha quedado también, en forma mayoritaria, en manos del grupo ICE, a cargo del monopolio público de telefonía.

Internet		Año	Fuente
Cantidad total de computadoras cada mil habitantes	73	2006	INEC
Cantidad de conexiones a Internet cada mil habitantes	235	2004	Grupo ICE
Cantidad total de proveedores de conexión a Internet	2		
Cantidad Total de usuarios de Internet	866.506	2006	Racsa

1.11. Estructura del mercado publicitario

El mercado publicitario en Costa Rica no guarda relación con la importancia económica del país en la región. Durante el 2004, de acuerdo a las cifras proporcionadas por la Consultora Media Gurú, superó los 126 millones de dólares, y se ubico en sexto lugar entre los siete países estudiados. La prensa es el medio que acapara la mayor parte de estos recursos con un 43%. La televisión se ubicaba en segundo lugar con un 38%, mientras que la radio alcanza el 18% de los ingresos publicitarios. Los principales sectores del mercado publicitario son los sistemas de venta televisiva, el gobierno y los partidos políticos.

Gráfico 2. Reparto del mercado publicitario

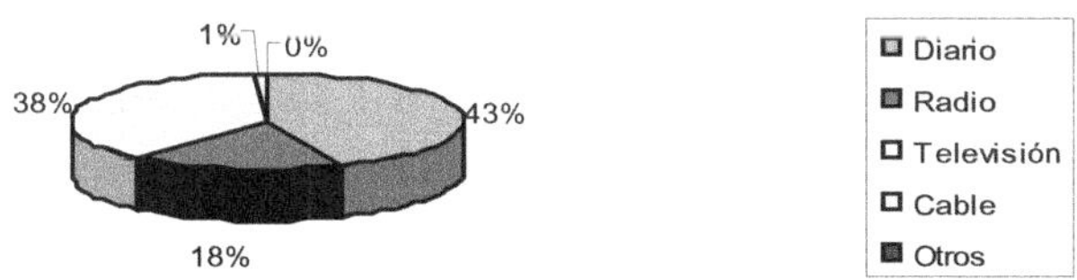

1.12. Análisis estructura de mercado

Las industrias culturales de Costa Rica se encuentran sin dudas entre las más estables de la región por su dimensión económica. Contribuye a ello el mayor ingreso per cápita de la región y una distribución de la riqueza más homogénea que en otros países centroamericanos. Los niveles de acceso a los bienes y servicios culturales se encuentran entre los más altos, aún cuando el tamaño del mercado no contribuya a alcanzar economías de escala de alta rentabilidad. De acuerdo a la consultora Zenith Optimedia, en Costa Rica, 90% de la población accede a la televisión, 80% a la radio, 64% a la prensa, 31% a las revistas, 19% a Internet y 15% al cine. De estos números, se destacan particularmente el alto acceso a la prensa y a Internet, que supera al cine.

Costa Rica	Facturación (millones de dólares U$A)	Ejemplares vendidos/ conexiones	Cada 1000 hab	Empleados	Operadores
Libro	$ 0,00				
Disco	$ 0,00				
Cine	$ 0,00	1.200.000	282		
Prensa (pub.)	$ 45,90	87.822.000	20.671	907	6
Radio (pub.)	$ 18,60	842.000	198	0	89
TV (publicidad)	$ 42,00	2.090.875	492	1.400	34
TV de pago	$ 1,20	122.500	29	300	26
Telefonía Básica	$ 233,00	3.458.263	814	6.580	1
Telefonía Móvil	228,36	921.920	217	0	1
Internet		866.506	204		
Subtotal IC	$ 107,70				
Total	$ 569,06	97.324.064		9.187	

Las industrias culturales "ticas" tienen una baja incidencia en relación al PBI del país, de acuerdo a los datos relevados. Si se considera que no ha sido posible obtener los datos de facturación de las industrias del libro, el disco, el cine, y el cable así como los resultados económicos derivados de la venta de periódicos, no es osado indicar que dicho registro se debe encontrar cerca del 2%. Dentro de las industrias culturales se destacan la industria televisiva y la prensa escrita. La envergadura económica del sector telefónico es muy importante para la economía costarricense, alcanzando un 2,5% del PBI.

PBI	$ 18.592,00
PBI per cápita	$ 4.376,30
% IC en PBI	0,58%
% Soc Info en PBI	3,06%
Población	4.248.481

Gráfico 3. Facturación Costa Rica

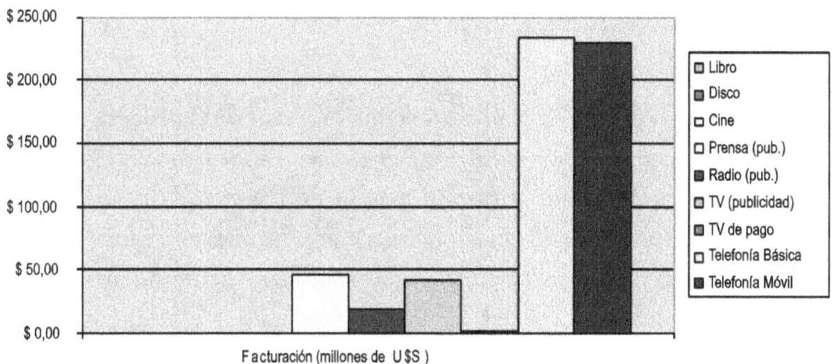

2. Concentración de la propiedad

El ex presidente de Costa Rica, Luis Alberto Monge Álvarez, declaró en octubre de 2006: "Acaba de anunciarse que un conglomerado de televisión compró un conglomerado de radioemisoras, seguido por un silencio cohonestador de la concentración de la propiedad en los medios de comunicación. ¿No es que las frecuencias de radio están fuera del comercio de los hombres?". La cita no hace más que reflejar una cuestión común al analizar la concentración de medios de comunicación: es un tema del que no se habla. En Costa Rica se conoce un estudio muy importante sobre la estructura de medios de comunicación realizado por las investigadoras y periodistas Patricia León e Isabel Ovares, pero el mismo data de 1979.

Si bien la concentración de la propiedad de los medios ya era alta cuando el informe de León y Ovares, sin dudas algunos acontecimientos posteriores nos permiten asegurar que la concentración de la propiedad de los medios de comunicación ha aumentado. Una decisión que sin dudas alteró el panorama de los medios de comunicación en Costa Rica fue el permiso para el ingreso de capitales extranjeros en el sector. Como se verá más adelante, esta medida tuvo fuerte impacto en la televisión, pero también se hizo sentir en la radio y en la prensa escrita.

Este dato no es menor, si tenemos en cuenta que se suma a un histórico déficit en materia de producción de contenidos de ficción (cine y televisión) lo que torna al país en altamente dependiente de la producción extranjera, dificultando aún más la representación de los diversos sectores de la sociedad costarricense.

2.1. Prensa escrita

Como se ha señalado en la introducción, el sector de la prensa ocupa un lugar destacado en el sector mediático costarricense. Sin dudas el grupo La Nación ocupa un destacado lugar. Además de contar con el diario del mismo nombre, el de mayor circulación en el país, también es propietario del tercer periódico de mayor circulación, *Al Día*. Es sumamente interesante notar que el dominio del diario *La Nación* es mucho mayor al considerar los ingresos publicitarios, donde acapara más de 75% de todos los ingresos por publicidad. Esta situación da cuenta que, en el caso de la prensa, el primer lugar en audiencia, suele traducirse en un predominio mucho más claro del mercado publicitario. El grupo La Nación, edita además el semanario económico *El financiero*, y una importante cantidad de revistas. En el 2006 lanzó un tercer diario, *La Teja*, dirigido a los segmentos medio bajos y bajos del país. Muy cercano en cuanto a tirada, aunque con mucha menos influencia política y económica se encuentra el diario *Extra*, que también ha incrementado sus propiedades con la adquisición del diario más antiguo de Costa Rica. Finalmente hay que destacar el caso del diario *La República* que constituye uno de los escasos ejemplos de diarios en manos de capital extranjero, ya que en el año 2004 se encontraba en manos del Grupo Hollinger INc, cadena internacional basada en Canadá.

Grupo	Facturación (en millones U$s)	Porcentaje de facturación	Ejemplares vendidos	Porcentaje de circulación
La Nación	35,8	78,0%	105.000	41,2%
La República	4,7	10,2%	8.000	3,1%
Diario Extra	3,7	8,1%	80.000	31,4%
Al Día	1,3	2,8%	57.000	22,4%
Subtotal 4 diarios principales	45,5	99,1%	250.000	98,0%
Total del mercado	45,9	100,0%	255.000	100,0%
Razón de concentración de facturación (C_f)		0,99		
Razón de concentración de audiencia (C_a)				0.98

Como se puede apreciar en el siguiente cuadro, el nivel de dominio de mercado de los cuatro principales periódicos de país es muy elevado, detentado casi el dominio total del sector. Cabe recordar que esta medición se limita a considerar el dominio por cada periódico, pero si se considerase la porción de mercado de cada grupo editor, los índices de concentración de la propiedad serían aún mayores.

Gráfico 4. Prensa: dominio del mercado

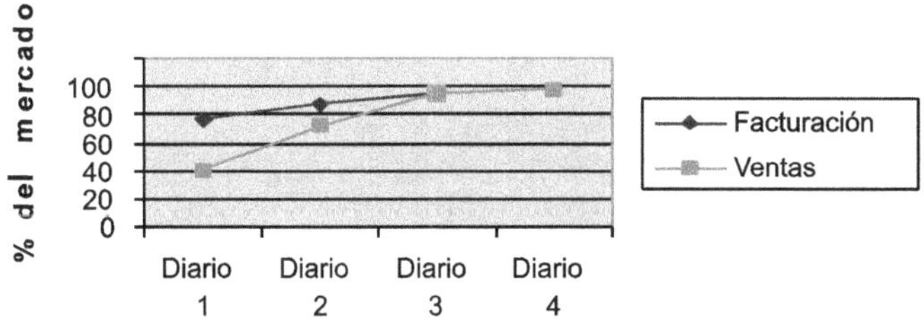

2.2. Radio

Como en la mayoría de los países, también en el caso de Costa Rica la radio presenta el mayor nivel de diversidad. De todas formas en los últimos años se observa un incremento de las fusiones y adquisiciones por parte de las principales empresas. Luego del año 2004, del que surgen los datos de este informe, el grupo Monumental fue absorbido por el grupo Repretel, perteneciente al mexicano Ángel González. El Estado Nacional es propietario del 11% de las licencias de radio, pero ninguna de las mismas se encuentra entre las más escuchadas. También en el caso de la radio "tica", se observa que aquellas emisoras que dominan los principales puestos en cuanto a audiencia, tienen un porcentaje mayor en el mercado publicitario. Es decir, que la publicidad tiende a concentrarse más en los principales medios que el público.

Grupo	Facturación (en millones U$s)	Porcentaje de facturación	Rating	Porcentaje de audiencia
Omega Stereo	2,1	11,3%		7,72%
Monumental	1,6	8,6%		2,10%
Columbia	1,3	7,0%		3,11%
94,7	1,3	7,0%		1,59%
Subtotal 4 radios principales	6,3	33,9%	0	14,5%
Total del mercado	18,6	100,0%		100%
Razón de concentración de facturación (C_f)		0,34		
Razón de concentración de audiencia (C_a)				0,14

Gráfico 5. Radio: dominio del mercado

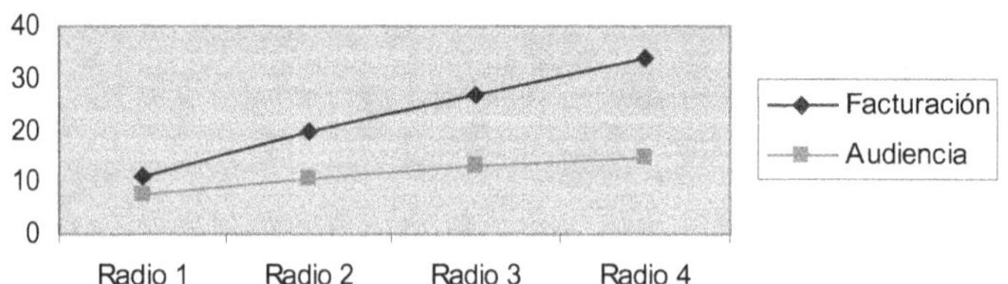

2.3. Televisión abierta

La televisión abierta ha sufrido un fuerte proceso de concentración de la propiedad desde 1995, cuando se autorizó la propiedad extranjera de medios. Desde entonces el empresario mexicano Ángel González, a través del grupo Repretel ha comprado los canales 4, 6 y 11. Algunos artículos periodísticos lo señalan también como propietario de los canales 9 y 2. Sin embargo, el principal puesto en materia de audiencia es retenido por el más tradicional de los canales del país Tele Tica Canal 7. Este Canal pertenece a la familia Picado Cozza, que también detenta la licencia del Canal 33 e importantes inversiones en el sector del cable. Los dos canales de mayor audiencia, entre ambos suman 55,4% del total, alcanzan 84,5% de los ingresos por publicidad. Cabe consignar que los datos de la audiencia pertenecen al año 2001 y fueron relevados por la empresa IBOPE.

Grupo	Facturación (en millones U$s)	Porcentaje de facturación	Rating	Porcentaje de audiencia
Canal 7	18,3	46,3%		30,4%
Canal 6	15,1	38,2%		25,0%
Canal 11	2,5	6,3%		17,4%
Canal 13	2	5,1%		7,7%
Subtotal 4 emisoras principales	37,9	95,9%		80,5%
Total del mercado	39,5	100,0%		100,0%
Razón de concentración de facturación (C_f)		0,95		
Razón de concentración de audiencia (C_a)				0,8

Si se considera el tamaño de mercado que ocupan los cuatro primeros operadores de televisión en Costa Rica, podemos afirmar que existe un elevado nivel de concentración de la propiedad. Si a dicho indicador general le sumamos las fusiones arriba descriptas estamos en condiciones de señalar que existe muy poco diversidad en el mercado televisivo "tico".

Gráfico 6. Televisión: dominio del mercado

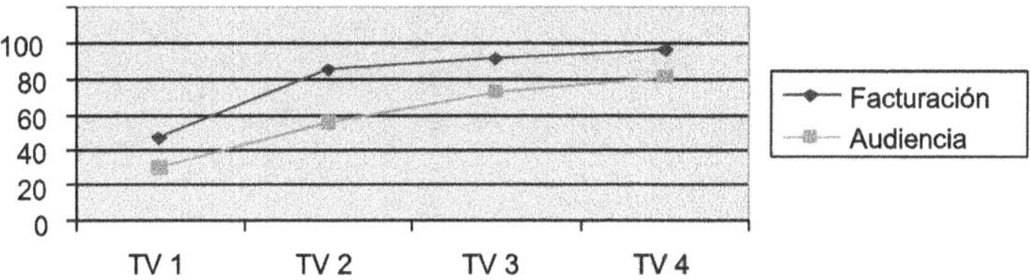

2.4. Televisión de pago (cable y satélite)

Lamentablemente no ha sido posible obtener datos confiables de la facturación de las principales empresas de la televisión por cable. De acuerdo a Rockwell y Janus, la familia Picado Cozza posee *Cable Tica* y *Cable Color* que le dan una posición dominante en el mercado de la televisión paga. Desde 1996, opera en el país la empresa con sede en Miami Teleplus, vinculada a Tel-com Wireless Cable TV Corporation, que ha alcanzado un dominio del 20% del mercado, principalmente en Monte Iraza, la segunda ciudad del país. El índice de concentración de las tres primeras empresas de la televisión por cable muestra un alto índice de concentración.

Grupo	Facturación (en millones U$s)	Porcentaje de facturación	Cantidad de abonados	Porcentaje de mercado
Amnet			55000	45,8%
Cable Tica			50000	41,7%
Cablevisión			9000	7,5%
Otros			6000	5,0%
Subtotal 3 operadores principales			120000	95,0%
Total del mercado			120000	100,0%
Razón de concentración de facturación (C_f)				
Razón de concentración de audiencia (C_a)				0,95

Gráfico 7. TV de pago: dominio del mercado

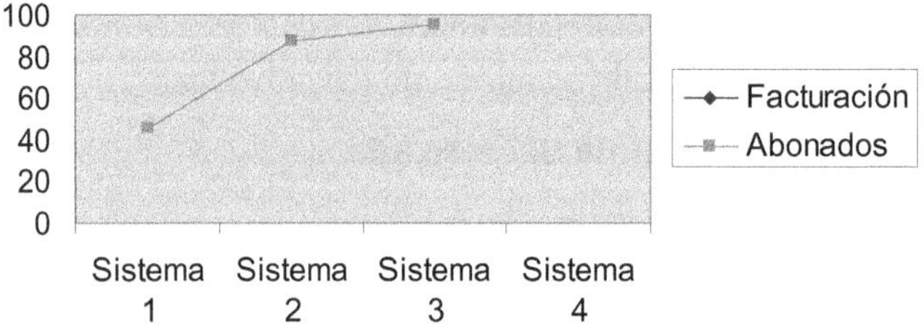

2.5. Telefonía básica

La telefonía pública constituye un monopolio público. Se espera que a partir del 2009 aparezcan nuevas empresas de telefonía privadas. En dicho caso habrá que ver que número de competidores puede llegar a operar en un mercado reducido como el costarricense.

Grupo	Facturación (en millones U$s)	Porcentaje de facturación	Cantidad de abonados	Porcentaje de mercado
ICE	233	100,0%	1.402.382	100,0%
Subtotal 4 operadores principales	233	100%	1.402.382	100%
Total del mercado	233	100%	1.402.382	100%
Razón de concentración de facturación (C_f)		1		
Razón de concentración de audiencia (C_a)				1

2.6. Telefonía móvil

La telefonía móvil se encuentra en la misma situación que la telefonía básica, con el monopolio del grupo ICE. Seguramente este mercado podría llegar a adquirir una estructura más competitiva que la telefonía básica en caso de concretarse la liberalización del mercado.

Grupo	Facturación (en millones U$s)	Porcentaje de facturación	Cantidad de abonados	Porcentaje de mercado
ICE	228	100,0%	1.098.502	100,0%
Subtotal 4 operadores principales	228	100%	1.098.502	100%
Total del mercado	228	100%	1.098.502	100%
Razón de concentración de facturación (C_f)		1		
Razón de concentración de audiencia (C_a)				1

2.8. Análisis de la concentración en Costa Rica

Al analizar el porcentaje de mercado que detenta el primer operador en cada uno de los mercados info-comunicacionales en Costa Rica, se observa que mientras las telecomunicaciones presentan el índice máximo en virtud del monopolio de ICE, en los otros mercados el primer operador ronda el 40% del mercado con excepción de la radio, donde el porcentaje es sustantivamente inferior. En todos los casos el tamaño del mercado, es decir el bajo número de habitantes existentes en Costa Rica, contribuye a elevar los índices de concentración al dificultar la supervivencia de diversas empresas con economías saludables.

Si se toma como referencia el dominio de mercado de los cuatro primeros operadores los índices de concentración se revelan muy elevados. Con excepción del mercado de la radio, en todos los casos mercados se aprecian indicadores muy cercanos al máximo de la escala. Tienden a igualarse los niveles de concentración en los mercados de telecomunicaciones y de industrias culturales. Claro está que en el caso de las industrias culturales son las que construyen diariamente la agenda informativa del país, con fuerte influencia en la vida política y económica.

Gráfico 8. Costa Rica: dominio del mercado del primer operador

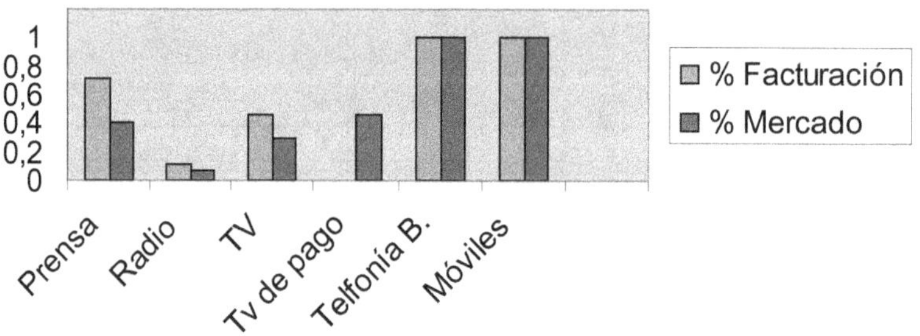

Gráfico 8. Costa Rica: coeficiente de concentración

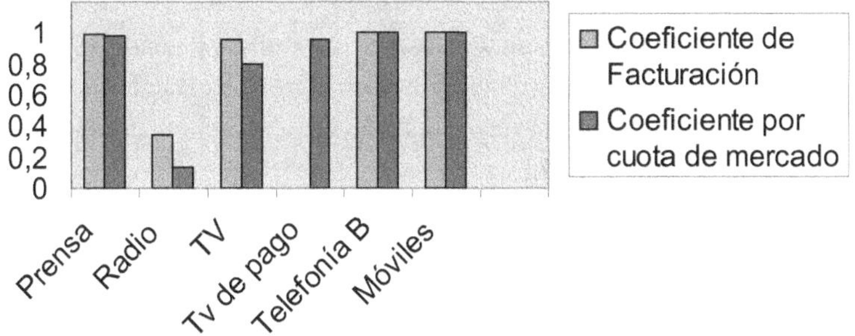

3. Los grupos de comunicación

En términos generales podemos decir que no existe en Costa Rica un grupo de comunicación dominante. Si hubiera que elegir un grupo por su nivel de ingresos, no hay dudas que el más importante es ICE que detenta el monopolio de la telefonía y tiene una importante participación en Internet. Sus ingresos duplican al conjunto de todas las industrias culturales. Sin embargo, el grupo ICE no tiene la propiedad de los medios de comunicación y a diferencia de otras empresas de telecomunicaciones no busca iniciar procesos de sinergia con el sector audiovisual. De esta manera su gran potencia económica no parece constituir una amenaza en materia de diversidad de contenidos. De todas formas se ha utilizado la estructura del grupo ICE para ilustrar los cuadros sobre grupos, dado que presenta todas las características de los grupos altamente concentrados: dominio de los mercados, concentración a nivel horizontal e integración vertical.

Si centrásemos nuestro análisis en los grupos vinculados directamente a las industrias culturales, no se observa que exista ningún medio que esté presente en el conjunto de los mercados de prensa, radio, televisión abierta y de pago.

Por nivel de facturación, sin dudas el más importante es el grupo Nación que basa su poderío en el amplio dominio del mercado publicitario tanto en prensa escrita como en el mercado de las revistas. El grupo fue fundado en 1946 y durante muchos años su estrategia fue realizar desplazamientos horizontales, a partir de la compra de otros periódicos o, principalmente, a partir del lanzamiento de nuevos diarios y revistas. En los últimos años el Grupo Nación ha desplegado una estrategia de diversificación y ha comenzado a realizar inversiones en el mercado de la radio.

En segundo lugar, habría que considerar a la familia Picado Cozza. Su estructura de grupo es la más diversificada en materia de medios con presencia en la televisión abierta y de pago. En la primera detenta una posición claramente dominante, mientras que en el cable tiene un porcentaje de mercado importante. También tiene inversiones en radio.

Finalmente, podemos indicar como tercer grupo a Repretel, vinculado al empresario mexicano Ángel González. Si bien si consideramos sólo el mercado costarricense no es el grupo más importante, hay que recordar que González se ha transformado en uno de los principales propietarios de canales de televisión en toda América latina, con especial presencia en Centroamérica. Tiene una estrategia muy agresiva y de acuerdo a Rockwell y Janus, González representa el programador de medios global. En Costa Rica a su amplio dominio numérico de canales de televisión le ha incorporado una importante participación en el mercado radial.

3.1. Grupo ICE

Estructura Grupo Ice

Grupos	Telefonía Básica		Telefonía Móvil		Internet	
	Empresas.	Abonados	Cías.	Abonos	Cías.	Abonos
ICE	ICE	214.148	ICE		ICE	

Integración vertical de empresas del Grupo ICE

Actividad	Telefonía Básica	Telefonía Móvil	TV Satélite	Radio	Prensa diaria	Internet
Materiales / Infraestructura	ICE	ICE				ICE
Contenidos/ Servicios	ICE	ICE				ICE
Difusión / Distribución	ICE	ICE				ICE

Estrategia

Punto de vista (se especifican las variables posibles entre paréntesis)	Grupo Globo
Ámbito Territorial (transnacional o nacional)	Nacional
Grado de Integración (vertical u horizontal)	Horizontal y vertical
Modo de Crecimiento (externo, interno o mixto)	Mixto
Origen del capital (comunicación o extra-comunicación)	Telecomunicaciones

El Salvador

La historia reciente de El Salvador está marcada por una larga y cruenta guerra civil. En efecto, este pequeño país soportó entre 1980 y 1992 las consecuencias del enfrentamiento armado entre las fuerzas del gobierno controlado por militares de extrema derecha y las tropas insurgentes de izquierda del Frente Farabundo Martí de Liberación Nacional (FMLN). Además de causar al menos 75.000 muertos, el conflicto afectó seriamente a la economía del país y provocó grandes desplazamientos de la población. Tras los acuerdos de paz, el país ha iniciado un proceso de recuperación económica aún cuando la distribución de la riqueza mantiene altos niveles de inequidad.

Desde los acuerdos de paz de 1992, todas las elecciones han sido ganadas por la Alianza Republicana Nacionalista (ARENA) aunque el partido político creado por los ex guerrilleros del FMLN ha ido aumentando progresivamente su caudal de votos hasta amenazar seriamente el tradicional dominio del partido de extrema derecha.

Mientras tanto la economía muestra un sostenido crecimiento, que ha permitido que varios indicadores económicos presenten hoy una sustantiva mejora respecto a la década del 80. El país ha adoptado una clara estrategia de vincularse a la economía estadounidense al adoptar el dólar como moneda nacional. También fue el primer país de la región en acordar su tratado de libre comercio con Estados Unidos, y el único que ha mantenido desde 2003 tropas en Irak apoyando la invasión norteamericana.

Tradicionalmente la economía salvadoreña estuvo vinculada a la producción de materias primas, con una especial incidencia en la producción y exportación de café. Sin embargo en los últimos años se han desarrollado algunas industrias y el sector servicios, especialmente el financiero. Entre las industrias se destacan las textiles, que han aprovechado los acuerdos de libre comercio y beneficios arancelarios internacionales. Finalmente, también resulta importante para la economía salvadoreña los más de 3.000 millones de dólares que envían al país la enorme población desplazada a los Estados Unidos de Norteamérica.

De acuerdo al PBI per cápita, El Salvador se ubica en el promedio de los países de la región, lejos de los más ricos como Costa Rica y Panamá, pero a considerable distancia de los más pobres como Nicaragua. Sin embargo, y como ha sido señalado, la muy mala distribución de la riqueza hace que de acuerdo al índice de Desarrollo Humano elaborado por el PNUD de las Naciones Unidad para el año 2007, El Salvador ocupe un lugar relegado, ubicándose en el puesto 103 del ranking global mundial.

Los datos sociodemográficos muestran un panorama ambiguo no muy promisorio para las industrias culturales. Con 30% de la población sumergida en condiciones de extrema pobreza y un porcentaje similar excluida del acceso a bienes que excedan las necesidades básicas, es difícil pensar en consumos culturales que trasciendan aquellos que no precisan de un pago directo. Sólo la quinta parte de la población salvadoreña tiene un empleo formal. Si bien El Salvador cuenta con la mayor densidad demográfica de la región, hecho que contribuye a lograr algún nivel de economía de escala, la pobreza se torna una barrera infranqueable para el acceso democrático de las masas a la cultura.

Datos sociodemográficos:				
Población total por país		6.757.000 hab.		
Población urbana por país (porcentaje del total país)		59,90%		
Población femenina y masculina (porcentaje)	Fem. 52,7	Masc. 47,3		
PBI total país (en millones de U$S)		$18.573		
PBI per cápita (en U$S)		$2.656,90		
Tasa de alfabetización de adultos (desde 15 años en adelante)		85,1 %		
Porcentaje de población económicamente activa empleada, semi-empleada y desempleada	Empl 60,6%	Semi 32,1%	DesE 7,3%	
Porcentaje acumulado de población para las cuatro primeras ciudades	7,3%	11,5%	15,6%	19,5%
Cantidad de habitantes por kilómetro cuadrado		42,3		

Estructura del mercado cultural

Lamentablemente no ha sido posible obtener datos de la estructura de las industrias vinculadas a la edición discontinua en El Salvador. De todas formas no es osado decir que en los mercados del libro, del disco y del cine, el volumen de facturación es muy bajo debido al escaso acceso de la población a este tipo de bienes. También resulta preocupante la escasa producción local: no se producen películas nacionales y la televisión importa la gran mayoría de los programas de ficción televisiva y de espectáculos.

Prensa diaria

La prensa en El Salvador no pudo escapar a los avatares de la violenta década del 80. Durante ese período, los principales periódicos del país apoyaron al gobierno militar. No podía ser de otra manera dado que existe un casi absoluto control de la propiedad de la prensa por parte de algunas de las principales familias hegemónicas del país. Los diarios están mayormente dirigidos a los estratos sociales medio y alto, hecho que permite explicar que el sector logre captar una porción muy significativa de la pauta publicitaria, debido a su vínculo directo con los sectores de más alto poder adquisitivo.

Pese a que la prensa mantiene una fuerte relación con las principales familias del país, se registran experiencias novedosas como la del periódico *El Faro* que se edita sólo en Internet, abaratando los costos y posibilitando el surgimiento de un prensa más independiente.

Prensa escrita (diarios)		Año	Fuente
Cantidad de ejemplares vendidos anualmente (parcial)	83.950.000	2006	Privada
Cantidad de ejemplares vendidos cada mil habitantes (año)	12.230,33	2006	Privada
Cantidad total de títulos de prensa diaria	5	2004	Propia
Volumen de facturación (U$S)			
Volumen de facturación por inversión publicitaria (U$S)	111.370.000		Publisearch
Porcentaje de títulos de circulación nacional sobre el total	89%	2006	Propia
Cantidad de gente empleada en el sector			

Radio

La radio salvadoreña fue el único medio tenido en cuenta en los acuerdos de paz, al incluirse una cláusula por la cual se acordaba legalizar un par de radios que habían pertenecido al FMLN y operado en la clandestinidad durante la guerra. Como en la mayoría de los países, es el medio que mantiene el contacto más directo con las comunidades locales. Pese a lo reducido del territorio, muy pocas estaciones tienen alcance nacional. Como contrapartida es importante señalar que existe en El Salvador un marcado crecimiento de la radio comunitaria. Su presencia en el mercado publicitario es menor.

Radio		Año	Fuente
Cantidad total de aparatos receptores de radio	6.683.768	2006	ASDER[1]
Aparatos receptores cada mil habitantes	974	2006	
Cantidad total de emisoras de radio	267	2006	SIGET[2]
Porcentaje de emisoras de alcance nacional	7,41%	2006	ASDER
Volumen de facturación (U$S)	10.360.000	2006	Publisearch
Volumen de facturación por inversión publicitaria (U$S)	10.360.000	2006	Publisearch
Cantidad de gente empleada en el sector (junto a TV)	5.000	2006	ASDER

[1] Asociación Salvadoreña de Radiodifusores

[2] Superintendencia General de Electricidad y Telecomunicaciones

1.6. Televisión

La televisión en El Salvador tuvo sus inicios en 1956 cuando los propietarios de la radio YSEB La Voz de Latinoamérica decidieron expandirse hacia este nuevo mercado. La figura de Boris Eserski se torna inmediatamente en un referente ineludible a la hora de escribir la historia de la televisión salvadoreña. Menos de 10 años después, había sumado otros dos canales de televisión gozando de un virtual monopolio de este importante medio. A fines de la década del 60 se inauguran canales del estado, el 8 y el 10. Pero Telecorporación Salvadoreña, la cadena televisiva de Eserski, recién va a tener competencia comercial en 1984 con la incorporación de Tele

12 de Jorge Zedán, quien posteriormente alcanzará acuerdos con la mexicana TV Azteca. La televisión se expandirá notablemente en su número a partir del usufructo de las bandas de UHF. Son numerosos los canales que participan del espectro salvadoreño, pero como se verá más adelante, unos pocos concentran la mayor parte de la audiencia.

La televisión es el medio más fuerte económicamente, especialmente a partir de su fuerte penetración en la mayoría de los hogares del país.

Televisión Abierta		Año	Fuente
Cantidad total de aparatos receptores de televisión	4.177.355	2006	ASDER
Cantidad de aparatos receptores cada mil habitantes	608,58	2006	
Cantidad total de emisoras de televisión	47	2006	SIGET
Porcentaje de emisoras de alcance nacional			
Porcentaje de programac. nacional sobre total			
Volumen de facturación (U$S)	137.270.000	2006	Publisearch
Volumen de facturación por inversión publicitaria (U$S)	137.270.000	2006	Publisearch
Cantidad de gente empleada en el sector (junto a radio)	5.000		

1.7. Televisión de pago

El cable surge en El Salvador en 1986 con las empresas TELESAT y Futurama, Telesat es propiedad de Jorge Zedán, el mismo de canal 12. Los sistemas de cable aspiran a entrar en los mercados de telefonía e Internet como forma de rentabilizar las inversiones, dado que el bajo porcentaje de población suscripta al servicio demanda la integración con otros negocios. Se calcula que el 5% de la población tiene acceso al cable. A fines de los 90 surge la empresa AMNET, vinculada a telefónica de España que comienza a comprar varias pequeñas empresas de cable y se convierte en el principal operador, al igual que en otros países centroamericanos.

Televisión de pago		Año	Fuente
Cantidad total de abonados al sistema de tv por cable	164.000	2004	SIGET
Cantidad total de abonados al sistema de tv vía satélite			
Cantidad total de operadores de señales de cable	91	2006	SIGET
Cantidad total de operadores de señales satelitales	1	2006	SIGET
Porcentaje de señales nacionales (cable)			
Porcentaje de señales nacionales (satélite)			
Volumen de facturación			
Volumen de facturación por inversión publicitaria			
Cantidad de gente empleada en el sector			

1.8. Telefonía básica

El mercado de las telecomunicaciones en El Salvador dejó de ser un monopolio estatal recién a fines del siglo XX. En el año 1997, se privatizó la estatal ANTEL y se crearon dos empresas, una alámbrica y otra inalámbrica (CTE e INTEL). La empresa France Telecom se adjudico la telefonía fija, pero a los pocos años cedió la titularidad de la misma a América Móvil y finalmente se convirtió en Claro, del magnate mexicano Carlos Slim. Hoy operan en el mercado nueve operadores de telefonía fija, y once operadores de larga distancia internacional. A partir de la privatización la teledensidad se incrementó sustancialmente aún cuando los indicadores de acceso a la telefonía básica siguen siendo muy bajos. Lamentablemente no ha sido posible obtener la facturación del sector telefónico en este país, impidiendo contar con una adecuada información del peso de este sector clave para la economía. Hemos estimado la facturación del sector en doscientos millones de dólares.

Telefonía Básica		Año	Fuente
Cantidad Total de líneas de telefonía básica	888.000	2004	SIGET
Cantidad de líneas de telefonía básica cada mil habitantes			
Cantidad total de operadores de telefonía básica	9	2006	SIGET
Volumen de facturación (U$S)	200.000.000	2004	Elab. propia
Cantidad de gente empleada en el sector	2.997	2006	SIGET

1.9. Telefonía móvil

Al mismo tiempo que se produjo la apertura de la telefonía fija, se otorgó una concesión para el servicio de telefonía celular a la empresa Telemóvil El Salvador, S.A. La telefonía móvil tuvo un rápido crecimiento y en pocos años superó en cantidad de líneas en operación a la telefonía básica. Hoy existen cuatro operadores que se reparten el mercado. Hemos estimado el volumen de facturación de la telefonía móvil en cuatrocientos treinta millones de dólares para el año 2004. Dicha cifra ha sido elaborada a partir de los balances de las empresas que participan del mercado, pero que no siempre distinguen entre telefonía móvil y básica, ni entre los países centroamericanos, por lo tanto es una cifra muy relativa.

Telefonía móvil		Año	Fuente
Cantidad Total de líneas de telefonía móvil	1.833.000.	2004	SIGET
Cantidad de líneas de telefonía móvil cada mil habitantes			
Cantidad total de operadores de telefonía móvil	5	2006	SIGET
Volumen de facturación (U$S) Estimado	430.000.000	2004	Elab. propia
Cantidad de gente empleada en el sector	2.997	2006	SIGET

1.10. Internet

El desarrollo de Internet en El Salvador es bastante bajo. Con muy pocos hogares conectados a Internet, recién en 2005 comenzaron a registrarse las conexiones de banda ancha. Sólo el 1.3% de los hogares tenían acceso a conexiones de red. Se espera un importante crecimiento para los próximos años, especialmente a partir de la convergencia, con operadores que empiezan a ofrecer servicios integrados de telefonía, cable e Internet.

Internet		Año	Fuente
Cantidad total de computadoras cada mil habitantes	31	2004	Banco Mundial
Cantidad de conexiones a Internet cada mil habitantes	92.6	2004	Banco Mundial
Cantidad total de proveedores de conexión a Internet	11	2006	SIGET
Cantidad Total de usuarios de Internet	61.248	2006	SIGET

1.11. Estructura del mercado publicitario

Una particularidad del mercado publicitario salvadoreño es que la prensa acapara un porcentaje de la torta publicitaria de una magnitud apenas inferior a la de la televisión

Gráfico 10. Reparto del mercado publicitario

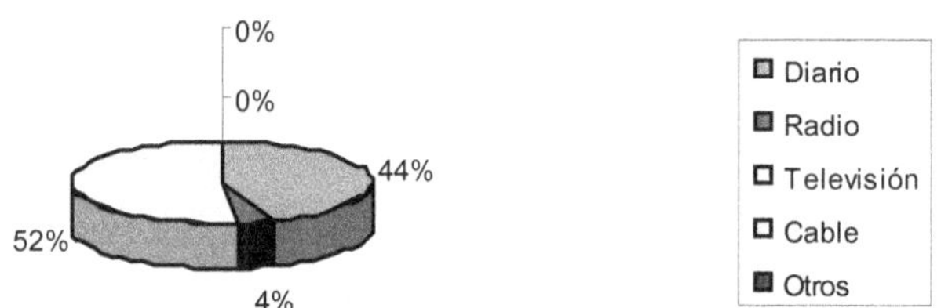

1.12. Análisis de la estructura de mercado

Lamentablemente no se han podido conseguir datos confiables sobre los índices de acceso a las industrias del cine, el libro y el disco. El acceso al cable es muy bajo al igual que la conectividad a Internet. Los accesos a la telefonía se encuentran en el promedio de la región que no es precisamente una zona del planeta donde la conectividad a la telefonía se distinga especialmente.

Tampoco ha sido posible obtener datos de la facturación telefónica, por lo que la importancia económica del sector info-comunicacional no puede ser considerada cabalmente. Las industrias culturales no parecen tener significativa importancia en la estructura económica salvadoreña.

El Salvador	Facturación (millones de dólares U$A)	Ejemplares vendidos/ conexiones	Cada 1000 hab	Emplea- dos	Opera- dores
Libro	s/d		0		
Disco	s/d		0		
Cine	s/d		0		
Prensa (pub.)	$ 117,37	83.950.000	12.424		5
Radio (pub.)	$ 10,36	6.683.768	989		262
TV (publicidad)	$ 137,27	4.177.355	618	5.000	47
TV de pago	s/d	164.000	24		92
Telefonía Básica	(E) $ 200	888.000	131	2.997	9
Telefonía Móvil	(E) $430	1.883.000	279	0	4
Internet	s/d	61.240	9		
Subtotal IC	$ 265,00				
Total	$ 895,00	97.807.363		7.997	

PBI	$ 18.573,00
PBI per cápita	$ 2.657.00
% IC en PBI	1,43%
% Soc Info en PBI	4,82%
Población	6.757.000

Gráfico 11. Facturación El Salvador

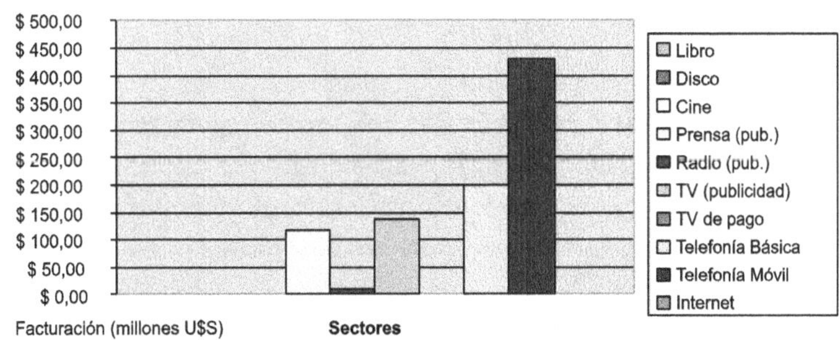

2. Concentración de la propiedad

Los medios de comunicación en El Salvador debieron adaptarse a convivir con la duradera guerra civil que afectó al país. Luego de los acuerdos de paz, un tema que podría haber suscitado polémica era la estructura del sistema de medios, dado que una significativa porción de los medios legales habían tomado claro partido por el gobierno militar. Sin embargo, y con una moderada excepción en el caso de la radio, la estructura de medios no sufrió grandes variantes. Además hay que computar que es común que los periodistas de los principales medios pasen a ocupar desatacados puestos en el Estado y del Estado regresan a los medios. Un estudio realizado por alumnos de la Universidad Centroamericana José Simeón Cañas, al igual que un informe de la organización Probidad, dan cuenta de más de 15 cambios de este tipo en un breve periodo de tiempo.

Los medios de comunicación están en manos de grandes familias terratenientes, que tienen parte activa en el control económico y político del país.

Las telecomunicaciones han pasado rápidamente a manos del capital extranjero. Por su parte, el Estado no tiene medios de comunicación de audiencia significativa.

Para Rockwell y Janus, la concentración de la propiedad de los medios, los fuertes lazos de sus propietarios con el partido gobernante ARENA, y la existencia de noticias que salen publicadas por el auspicio económico de los interesados (llamados "campos pagados") impiden que los medios de comunicación lleven un flujo de opiniones plurales que permita afianzar la débil democracia salvadoreña.

2.1. Prensa escrita

El diario más vendido en El Salvador, *La Prensa Gráfica*, pertenece desde hace muchos años a la familia Dutriz, dueña de un conglomerado de varias compañías. La familia Dutriz tiene capital también en las empresas Gráficos y Textos, Impresora la Unión, Sanlucar, Comercial Montelimar, Sagrera Cabrera Hnos., Cía General de Impresiones, Arrendadora General, Inversiones Familiares, Impresos Comerciales de C.A., Metales y Estructuras, DIMCO, Sherwin Williams de C.A., Comunicación Persuasiva, Coop. De Caficultores de San José de la Majada, Telecom-Publicar, Monte Real, Monte Nevado Comercial, Inversiones en Cable, Multicaule, Radio Noticias, Bufete J. Zaldívar y Asociados, Zaldívar Molina, entre otras.

Otra familia tradicional, los Altamirano, son los dueños del segundo periódico en importancia, *El Diario de Hoy*, con una circulación apenas inferior al anterior. También tienen fuertes vínculos con el partido gobernante ARENA. Este grupo edita el diario *MAS*, el cuarto más leído del país. La familia Altamirano, uno de los grupos terratenientes más importantes y más ligados a la derecha salvadoreña, cuenta con campos de algodones y café.

No se aprecian muchas alternativas en la prensa gráfica salvadoreña, pero entre las mismas se destacan el diario vespertino E*l Mundo*, de tendencia centro derechista; el diario decano, actualmente editado por una cooperativa, *Co-latino*, de tendencia izquierdista muy apegada a la línea del FMLN, y el diario digital *El Faro*.

Como se ha señalado, los diarios presentan fuertes vínculos con el gobierno. El periodista Carlos Martínez de *El Faro* destaca que los tres últimos jefes de redacción de *La Prensa Gráfica* tuvieron claros vínculos con el Ejecutivo.

Grupo	Facturación (en millones U$s)	Porcentaje de facturación	Ejemplares vendidos	Porcentaje de circulación
La Prensa Gráfica			32.850.000	39,1%
El Diario de Hoy			28.105.000	33,5%
El Gráfico			12.775.000	15,2%
MAS			3.650.000	4,3%
Subtotal 4 diarios principales			77.380.000	92,2%
Total del mercado		100,0%	83.950.000	100,0%
Razón de concentración de facturación (C_f)				
Razón de concentración de audiencia (C_a)				0,92

Del análisis de la distribución de la circulación se desprende un altísimo nivel de concentración de los cuatro principales periódicos en El Salvador. Cabe recordar que este panorama es todavía más preocupante si se considera que el primero y el tercer diario pertenecen al mismo grupo económico Dutriz. El segundo y el cuarto pertenecen al grupo de Altamirano.

Gráfico 12. Prensa dominio del mercado

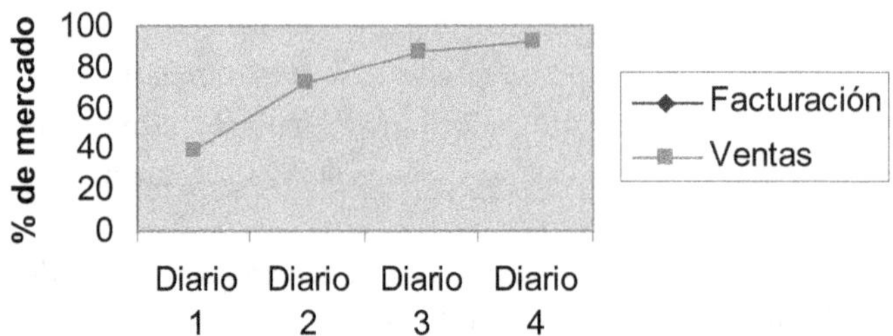

2.2. Radio

Basta decir que el presidente de El Salvador, Antonio Elías Saca (electo en 2004), fue presidente de la Asociación Salvadoreña de Radiodifusores (ASDER) y aún posee varias estaciones de radio para comprobar los estrechos lazos entre este sector de medios y el poder político. De todas formas, es justo señalar que probablemente sea este medio el que más pluralismo de opiniones permita.

Lamentablemente no ha sido posible obtener datos concretos del reparto de la audiencia y la facturación del sector. De acuerdo a la información recabada, el Grupo Samix, propiedad de Antonio Saca, que cuenta con una conjunto de emisoras de gran aceptación nacional como Chévere, Astral 94.9 F.M., Stéreo Fama 94.1 F.M., La Guapachosa, Soda Stéreo, Coco, Dial F.M. 96.5 y Stéreo Caliente, se destaca como el más importante del sector radiofónico. También participa del negocio televisivo. El segundo grupo en importancia es la Cordporación YSKL, de Manuel Flores Barrera, que cuenta con las emisoras Do-Re-Mix, Estéreo, Cool y Radio YSKL.

Otro grupo que merece ser mencionado es la Asociación de Radios y Programas Participativos de El Salvador (ARPAS), que agrupa a 21 radios que no tienen fines de lucro.

Y para finalizar, la radio del tío del presidente, Radio corporación FM, compuesta por las emisoras YXY, EXA, Club, FM Globo y La Mejor

2.3. Televisión abierta

Decir que tres de las cuatro principales licencias de televisión están en manos de una sola persona da cuenta del nivel de la concentración de la propiedad de este sector. En efecto, Boris Eserski es el dueño de los canales 2, 4 y 6. Los tres primeros en audiencia y facturación. La televisión en El Salvador presenta un mercado fragmentado por la existencia de numerosos canales de UHF. Como se verá más adelante la influencia económica y política de este empresario salvadoreño va mucho más allá del mercado televisivo. Boris Eserski fundó su primera radio YSEB en 1950, y fue el pionero de la televisión en el país en 1956. Actualmente mediante la Telecorporación Salvadoreña (TCS) domina ampliamente el sector audiovisual del país

Grupo	Facturación (en millones U$s)	Porcentaje de facturación	Rating	Porcentaje de audiencia
Canal 2	20,0	14,6%		
Canal 6	17,5	12,7%		
Canal 4	16,0	11,7%		
TV12	6,0	4,4%		
Subtotal 4 emisoras principales	59,5	43,3%		
Total del mercado	137,27	100,0%		100,0%
Razón de concentración de facturación (C_r)		0,43		
Razón de concentración de audiencia (C_a)				

El índice de concentración de la televisión en El Salvador es el más bajo de la región. De todas formas hay que recordar que las tres empresas de Eserski tienen un dominio de la audiencia muy superior al que demuestran en la facturación.

Gráfic 13. Televisión: dominio del mercado

2.4. Televisión de pago (cable y satélite)

Lamentablemente no ha sido posible obtener datos de la concentración de la televisión paga en El Salvador. Los informes disponibles señalan que, en la corta historia del cable, la estructura del sector tendió a una mayor concentración. Como se ha señalado, la empresa AMNET, vinculada a telefónica ha comprado a la mayoría de los pequeños cableros del país. AMNET tiene su origen en 1968 en Canadá, pero inicia sus operaciones en El Salvador recién en 1998. Desde el año 2000 tiene una alianza con el grupo Telefónica. Tiene fuerte presencia en Costa Rica y ha crecido en los últimos años en Honduras.

2.5. Telefonía básica

Si bien existen oficialmente 9 operadores de telefonía fija en El Salvador, el dominio de la incumbente (es decir, la empresa privatizada que sucedió a la empresa estatal) CTE Telecom Personal (transformada en Claro) es casi absoluto. Con un dominio del 90% del mercado no parece que esta situación vaya a cambiar en el corto plazo. De esta manera, el grupo del mexicano Carlos Slim suma otro país donde domina casi a voluntad el mercado de la telefonía fija.

Grupo	Facturación (en millones U$s)	Porcentaje de facturación	Cantidad de abonados	Porcentaje de mercado
CTE			781.000	90,0%
Telefónica			31.080	3,5%
Telemóvil			27.528	3,1%
Saltel			15.096	1,7%
Subtotal 4 operadores principales			854.700	98,3%
Total del mercado		100%	888.000	100%
Razón de concentración de facturación (C_f)				
Razón de concentración de audiencia (C_a)				0.98

Gráfico 14. Telefonía Básica: dominio del mercado

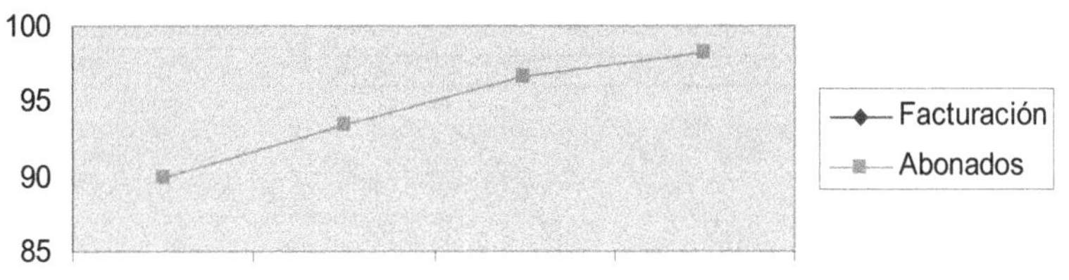

2.6. Telefonía móvil

Existe una diferencia entre la suma del total de usuarios de la telefonía móvil en El Salvador y la sumatoria del número de los abonados de cada empresa. Lo que es seguro es que sólo existen en el país cuatro empresas de telefonía móvil. En este mercado también la empresa CTE (Claro) ocupa el primer lugar, pero debe enfrentar una fuerte competencia de parte de los otros 3 operadores, entre los que se incluye su gran competidor regional, Telefónica.

Grupo	Facturación (en millones U$s)	Porcentaje de facturación	Cantidad de abonados	Porcentaje de mercado
CTE América Móvil (Claro)			518.000	32
Telefónica Movistar			465.000	30
Telemóvil (Millicom)			384.000	29
Digicel			222.000	9
Subtotal 4 operadores principales			1.589.000	100%
Total del mercado		100%	1.833.000.	100%
Razón de concentración de facturación (C_f)				
Razón de concentración de audiencia (C_a)				1

Gráfico 15. Telefonía móvil: dominio del mercado

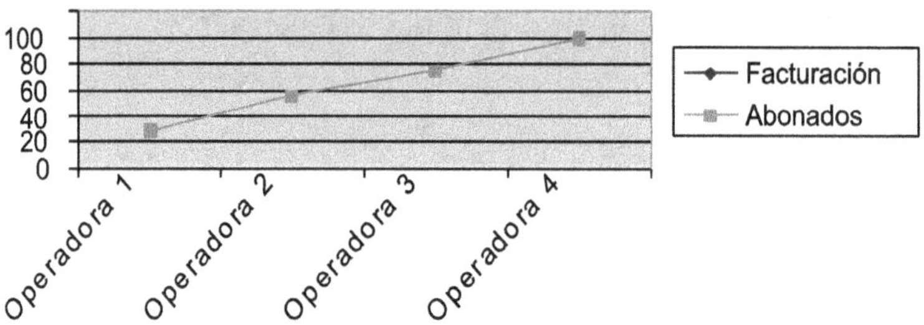

2.8. Análisis de la concentración en El Salvador

Si se observan los datos crudos de la concentración en el país, El Salvador no presenta los peores índices de la región. Si bien en varios mercados ha sido difícil obtener buena información, del repaso del conjunto de los mercados se deduce que no existen grandes grupos de comunicación presentes en varios mercados. Sí se ha podido apreciar, más allá de los números, una estrecha relación entre el poder político y el poder mediático, especialmente con el partido gobernante ARENA. La participación del capital extranjero está limitada a los sectores del cable y la telefonía fija y móvil, pero si este trabajo hubiera analizado los contenidos del mercado audiovisual, fácilmente se habría apreciado un fuerte déficit en materia de producción de contenidos.

Gráfico 16. El Salvador: dominio del mercado del primer operador

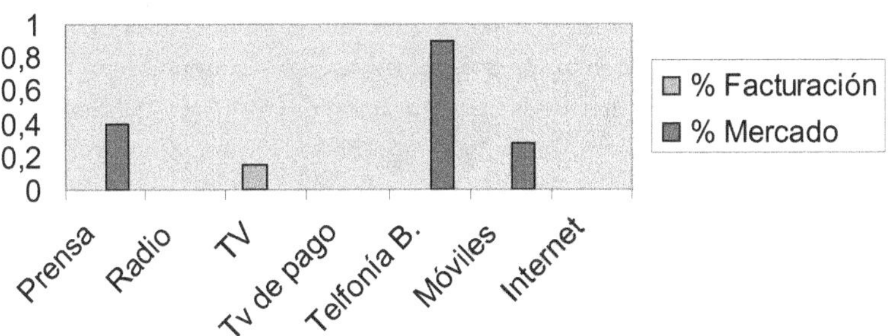

Del análisis del dominio de mercado del primer operador no se desprende una situación particularmente alarmante. De todas formas es preciso recordar en este momento que tanto en prensa como en televisión los mismos dueños son propietarios de más de un medio, agravando el proceso de concentración. Como en casi todos los países la telefonía presenta los índices más elevados, especialmente en el caso de la telefonía básica, donde la estructura de mercado se aproxima al monopolio. Al pasar a considerar la participación de los cuatro primeros operadores, los índices de concentración se revelan elevados. Se destaca en este caso la prensa escrita, que en otros países muestra porcentajes más bajos que la televisión, pero que en El Salvador, aparece fuertemente concentrada.

Gráfico 17. El Salvador: coeficiente de concentración

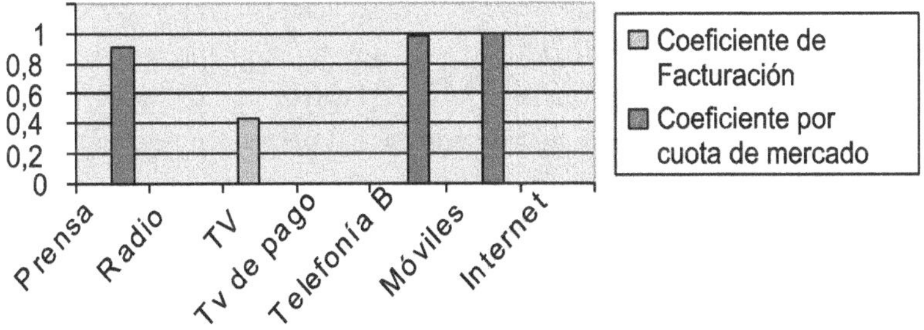

3. Los grupos de comunicación

Al igual que la mayoría de los países de la región, en materia de estructura de grupos, El Salvador cuenta con dos sectores bien diferenciados:

un par de grupos en telefonía en manos de capital extranjero, y un grupo nacional que ejerce un gran poder sobre las industrias culturales.

Si hubiera que elegir un grupo por su nivel de ingresos, seguramente tendríamos que escoger la empresa telefónica CTE. Lamentablemente no ha sido posible obtener los datos de facturación del mercado telefónico en El Salvador. Fuentes periodísticas indican que la facturación aproximada del grupo CTE en el año 2003 rondaba los doscientos millones de dólares, de los cuales la mayoría proviene aún del sector de la telefonía fija.

Pero si consideramos la propiedad de los medios de comunicación el principal grupo de El Salvador es el vinculado a la familia de Boris Eserski, que domina absolutamente el mercado televisivo, tiene presencia en radio y también en la televisión por cable. Pero a esta fuerte presencia hay que sumarle que el grupo Eserski domina el mercado publicitario en El Salvador, a través de las principales agencias que son de su propiedad o de sus socios. Eserski ha realizado un manejo inescrupuloso de la publicidad que es distribuida de acuerdo a la conveniencia política y económica de su propio grupo. Incluso ha llegado a boicotear la inclusión de publicidad en su principal competidor en televisión, el canal 12.

3.1. Grupo Eserski

De acuerdo a Rockwell y Janus en El Salvador el mercado de las comunicaciones se encuentra dominado por Boris Eserski. Es uno de los más antiguos dueños de medios, con un amplio dominio del sector audiovisual. Luego de tener radios de considerable importancia, Eserski construyó un imperio en el sector televisivo. Como se ha visto en el apartado correspondiente, la Telecorporación Salvadoreña (TCS) es una red que alberga a los tres canales con mayor teleaudiencia en el país y que se caracteriza porque trabaja con el método multiplex en su programación. Esto quiere decir que un canal se dedica casi exclusivamente a un tipo de programas que pueden ser deportes, novelas, etc. y los otros canales a otras áreas.

Pero lo que da estructura de grupo a Eserski es su dominio de las agencias publicitarias y empresas de relaciones públicas, a través de las cuales se canaliza la mayor parte de la inversión publicitaria en El Salvador. Esto indica una particularidad casi única en el mundo, de un medio que controla la distribución de la publicidad. Y esto puede ser utilizado a su favor, discriminando a la competencia. Rockwell y Janus muestran cómo Eserski quitó en distintas oportunidades la publicidad a su competidor en televisión, el independiente canal 12. Si bien el motivo fue político, al avecinarse unas elecciones y apoyar el Canal 12 al opositor partido del FMLN, los beneficios del control de la publicidad son económicos y políticos.

Eserski cuenta además con empresas de cable, editoras de revistas y participa del negocio del cine asociado a la cadena estadounidense Cinemark. Otra práctica anticompetitiva ha sido utilizada por Eserski a partir de su control del cable. En sus empresas de cable, no se distribuía canal 12 ni otros canales de noticias como el que utiliza la banda UHF, Canal 33.

La familia Eserski participa además de un amplio abanico de empresas como Cementos de El Salvador (CESSA), Molinos de El Salvador (MOL-SA), Bodegas Generales de Depósito de El Salvador (BODESA), AFP Confía, Unión de Exportadores S.A. de C.V. (UNEX) y Banco Agrícola Comercial. De acuerdo a Rockwell y Janus, la familia Araujo Eserski se encontraba entre las más ricas con una riqueza acumulada de 5,3 millones de dólares. Por su poder político y económico se la ubica entre las familias que controlan el país.

En los últimos años el grupo Eserski ha concentrado sus esfuerzos en evitar la entrada del capital extranjero en los medios de comunicación, hecho que podría poner en aprietos su consolidada posición en el mercado de medios.

Estructura Grupo Eserski

Grupos	TV		TV cable		Internet		Radio	
	Empre-sas	Rating	Cías.	Abonos	Cías.	Abonos	Empre-sas	Rating
Grupo Medcom	Canal 2 Canal 6 Canal 4		Posee Em-presas				Vox FM Radio	

Integración vertical de empresas del Eserski

Actividad	TV	Radio
Materiales / Infraestructura		
Contenidos/ Servicios	Canal 2 Canal 4 Canal 6	Radios
Difusión / Distribución	Canal 2 Canal 4 Canal 6	Radios

Estrategia

Punto de vista (se especifican las variables posibles entre paréntesis)	Grupo Eserski
Ámbito Territorial (transnacional o nacional)	Nacional
Grado de Integración (vertical u horizontal)	Horizontal y vertical
Modo de Crecimiento (externo, interno o mixto)	Mixto
Origen del capital (comunicación o extra-comunicación)	Medios de comunicación

Guatemala

Sin dudas, los acuerdos de paz de 1996 marcan un antes y un después en la historia contemporánea de Guatemala. Este país centroamericano ha sufrido a lo largo del siglo XX, además de una serie de catástrofes naturales como huracanes y terremotos, el intervencionismo de los Estados Unidos en la región y prolongados períodos de dictadura militar.

Pese haber alcanzado un mínimo de estabilidad política en el último decenio, la profunda desigualdad existente en la sociedad guatemalteca no ha variado significativamente. De acuerdo a la Encuesta de Condiciones de Vida del 2006, el 51% de la población vive en condiciones de pobreza y el 15% en condiciones de pobreza extrema. Por otra parte, y pese a los esfuerzos de los últimos años, la población originaria del país tiene dificultades para integrarse en el sistema económico derivado del colonial, basado en la explotación agropecuaria latifundista. Unas pocas familias, controlan la tierra y la riqueza del país.

Su economía se asienta en la producción de materias primas, especialmente en el sector agrícola, con productos tradicionales como el café, la caña de azúcar, cardamomo, plátanos, petróleo y no tradicionales, como verduras y frutas. Ha desarrollado también una industria manufacturera, especialmente en el sector textil y de vestuario, que se ha constituido en una de las principales fuentes de ingresos por exportaciones y en fuente de empleos. También se cultiva tabaco y algodón. Como la mayoría de los países de la región, Guatemala en los inicios del Siglo XXI, procura fortalecer su economía a partir de la firma de un tratado de libre comercio con Estados Unidos.

De acuerdo al índice de Desarrollo Humano elaborado por el PNUD de las Naciones Unidad para el año 2007, Guatemala se encuentra entre las naciones de desarrollo medio-bajo, ubicándose en el puesto 118 sobre 177, en el ranking global mundial. Es el país con el IDH más bajo de los que estudiamos en esta investigación y en toda la región de Centroamérica y el Caribe, sólo Haití presenta uno menor. Sin embargo su PBI per cápita no es tan bajo comparado con Honduras y Nicaragua, lo que marca el peor desempeño en términos de distribución de la riqueza. Por otra parte, existe un importante grado de analfabetismo, a la vez que un importante sector de la población indígena se expresa en su propia lengua. Es importante recordar que en Guatemala se reconocen 24 lenguas indígenas.

Estas características no favorecen el desarrollo de las industrias culturales, tanto por factores económicos como culturales dado que la población tiene tanto dificultades materiales como culturales para su consumo. Si bien el ser el país más poblado, y contar con la ciudad con más habitantes de la región (Ciudad de Guatemala contaba con más de tres millones de habitantes en 2004) favorecería el desarrollo de economías de escala a nivel regional, la estructura económica se torna un escollo insalvable para las industrias culturales, especialmente aquellas que impliquen pago directo para su consumo. El único mercado que registra un crecimiento espectacular es el de la telefonía móvil, especialmente en el sector de las líneas con prepagos, que no implican tener que pagar un abono mensual.

Estructura del mercado cultural

Lamentablemente no ha sido posible contar con información importante en relación con las industrias culturales guatemaltecas del libro, el disco y el cine. En términos generales, por ser industrias que requieren el pago directo de los consumidores para acceder a las mismas, y teniendo en cuenta la mala distribución de la riqueza, no es aventurado señalar que su desarrollo es escaso. Si se ha constatado un abaja producción anual de películas, pero con algún nivel de actividad.

Prensa diaria

Cabe destacar que muy recientemente, entre los años 2000 y 2003, existió un fuerte enfrentamiento entre la mayoría de los medios de comunicación impresos y el gobierno guatemalteco. Esta disputa marcó una fractura al interior de las clases hegemónicas del país centroamericano. En el período de gobierno de enero 2000 a diciembre 2003, existió un fuerte enfrentamiento entre la prensa de oposición y el gobierno, que sólo fue saldada por la nueva administración surgida de elecciones.

Existen en Guatemala siete diarios impresos. El gubernamental *Diario de Centro América*, de muy escasa tirada e influencia, comparte el mercado con seis matutinos y un vespertino: *La Hora*.

Los matutinos son *Nuestro Diario*, *Prensa Libre*, *Al Día*, *elPeriódico* y *Siglo Veintiuno*. Como se verá más adelante el mercado guatemalteco de prensa se reparte prácticamente entre dos grupos económicos, que a su vez pertenece a un limitado número de familias. Al igual que en Nicaragua con los Chamorro, en Guatemala la familia Marroquín cuenta con miembros de la familia en varios periódicos.

Son muy bajos los índices de lectura, y algunas encuestas marcan que sólo el 3% lee el periódico diariamente, aunque la influencia de la prensa escrita es importante para definir los temas de la agenda periodística.

La distribución de la prensa se concentra en la capital, aunque el diario *Prensa Libre* tiene alcance nacional. También existen algunos medios impresos de circulación local, entre los cuales resalta *El Metropolitano*, en Mixco, Villa Nueva y Quetzaltenango. Otra publicación destacada fue el semanario *Crónica*, pero en 1998 fue vendido a un grupo inversor cercano al presidente Arzú, y desapareció en 2001.

Prensa escrita (diarios)		Año	Fuente
Cantidad de ejemplares vendidos anualmente (aprox.)	528.000	2004	
Cantidad de ejemplares vendidos cada mil habitantes (año)	15.500	2004	
Cantidad total de títulos de prensa diaria	7	2004	
Volumen de facturación (U$S)			
Volumen de facturación por inversión publicitaria (U$S)	110.113.000	2004	Media Gurú
Porcentaje de títulos de circulación nacional sobre el total	33%	2004	
Cantidad de gente empleada en el sector			

Radio

Durante muchos años la radio fue considerada como el medio más popular de Guatemala, al combinar accesibilidad económica y lingüística. Sin embargo, varios analistas coinciden en señalar que en los últimos años su influencia se ha visto eclipsada por la televisión.

De lo que no hay dudas es del altísimo nivel de penetración de la radio, cuya presencia esta garantizada en el 98% de los hogares. El bajo nivel de alfabetización, y el hecho de que importantes sectores de la población hablan en sus propios dialectos, son hechos que contribuyen a mantener la popularidad de la radio. En los últimos años se destacó el crecimiento de la "Radio Nuevo Mundo", que fue de las primeras en dirigirse a públicos masivos en maya. Las lenguas de los pueblos originarios quedaban hasta entonces limitadas a algunas radios locales.

Resulta difícil precisar el número de radios existentes en el país, dado que las cifras oficiales, no dan cuenta de la gran cantidad de radios que operan sin permiso. Podemos decir que existen más de doscientas radios en AM y más de 500 en FM. Se destacan las más de 80 radios que operan en la capital. Este número transforman a la radio en el medio más diverso, pero no alcanza para evitar que sea el menos importante económicamente. De esta manera es claro que la mayoría de las radios opera en la más genuina precariedad económica.

Radio		Año	Fuente
Cantidad total de aparatos receptores de radio	1.633.186	2003	Zenith
Aparatos receptores cada mil habitantes	132		
Cantidad total de emisoras de radio	700	2004	
Porcentaje de emisoras de alcance nacional	2%		
Volumen de facturación (U$S)	10.700.000	2004	Media Gurú
Volumen de facturación por inversión publicitaria (U$S)	10.700.000	2004	Media Gurú
Cantidad de gente empleada en el sector (junto a TV)			

1.6. Televisión

Probablemente no exista otro caso en el mundo en que una misma persona sea dueña de los cuatro canales privados de VHF existentes. Pero en Guatemala, esto ha sido posible y el señor Ángel González no tiene competencia en VHF. Sólo en los papeles existen el canal del Congreso, el 9, y el canal 5, de la Academia de Lenguas Mayas, que tienen la frecuencia asignada pero no emiten. Sí existen otros canales menores en UHF.

La televisión en Guatemala tiene una alta influencia política, con una presencia en la gran mayoría de los hogares del país, y una clara importancia económica. De hecho los ingresos publicitarios generados por la televisión se encuentran entre los más altos de la región y representan la más alta inversión publicitaria per cápita.

Frente al apabullante dominio de González, la única respuesta esta dada por las emisoras en la banda de UHF, donde operan el canal 31, Latitud Televisión, controlado por Televisión Azteca, y el canal 33 de la Universidad de San Carlos. El canal 21 es de índole religiosa y es administrado por el evangélico Ministerio de Motivación Cristiana.

Televisión Abierta		Año	Fuente
Cantidad total de aparatos receptores de televisión	1.214.184	2003	Zenith
Cantidad de aparatos receptores cada mil habitantes	98		
Cantidad total de emisoras de televisión	9	2004	
Porcentaje de emisoras de alcance nacional			
Porcentaje de programac. nacional sobre total			
Volumen de facturación (U$S)	321.900.000	2004	Media Gurú
Volumen de facturación por inversión publicitaria (U$S)	321.900.000	2004	Media Gurú
Cantidad de gente empleada en el sector (junto a radio)			

1.7. Televisión de pago

Sólo en los últimos años la televisión por cable ha comenzado a cobrar importancia en Guatemala. Históricamente fue un producto sólo accesible a las clases más acomodadas residentes en la capital. Recientemente ha comenzado a expandirse hacia otras cabeceras departamentales. De acuerdo a los datos de la consultora Zenith, en el año 2003, el 60% de los hogares urbanos contaba con conexiones a la televisión por cable. El principal sistema de cable es Guatevisión que pertenece al grupo Prensa Libre. Su noticiero tiene una audiencia importante tanto en el país como en los emigrantes residentes en América del Norte. Lamentablemente no ha sido posible obtener datos sobre la incidencia económica del sector. La participación de la televisión por cable en el mercado publicitario es menor, pero aún así muy superior a la de la radio.

Televisión de pago		Año	Fuente
Cantidad total de abonados al sistema de tv por cable	330.000	2003	Zenith
Cantidad total de abonados al sistema de tv vía satélite			
Cantidad total de operadores de señales de cable			
Cantidad total de operadores de señales satelitales			
Porcentaje de señales nacionales (cable)			
Porcentaje de señales nacionales (satélite)			
Volumen de facturación			
Volumen de facturación por inversión publicitaria	43.000.000	2004	Media Gurú
Cantidad de gente empleada en el sector			

1.8. Telefonía básica

La historia de la telefonía básica en Guatemala sufrió sucesivos cambios. Iniciada bajo la iniciativa privada de capitales extranjeros, luego paso por un largo período de monopolio estatal. La empresa Guatemalteca de Teléfonos (Guatel) fue privatizada en el año 1998. Desde entonces paso por diversas manos hasta recalar en los dominios de América Móvil de Carlos Slim, que opera cerca de un millón de líneas telefónicas. Aunque no fue posible contar con datos oficiales hemos calculado que la facturación del sector supera los doscientos millones de dólares.

Telefonía Básica		Año	Fuente
Cantidad Total de líneas de telefonía básica	1.134.000	2004	SIT
Cantidad de líneas de telefonía básica cada mil habitantes		2004	
Cantidad total de operadores de telefonía básica	5	2004	
Volumen de facturación (U$S)	230.000.000	2004	Elab. propia
Cantidad de gente empleada en el sector			

1.9. Telefonía móvil

La telefonía móvil en Guatemala tuvo sus orígenes en 1989. Sin embargo el despegue más importante fue en los últimos años. De hecho entre los años que median entre el de este informe (2004) y la actualidad prácticamente se ha duplicado el número de abonados. El sistema de tarjetas prepagas ha permito incorporar a un alto porcentaje de la población al consume telefónico. Estos sectores estaban imposibilitados de acceder a la telefonía básica, y lo seguirán estando dado que la expansión de la red fija se encuentra estancada.

Lamentablemente no ha sido posible conseguir datos exactos de la magnitud económica del sector, pero se descuenta su importancia. Operan en el mercado tres empresas. De acuerdo a los balances de las empresas hemos estimado la facturación del sector de telefonía móvil en Guatemala en el año 2004 en 600 millones de dólares, pero esta información es imprecisa porque las empresas no distinguen en sus balances entre los diferentes países de América Central

Telefonía móvil		Año	Fuente
Cantidad Total de líneas de telefonía móvil	3.168.000	2004	SIT
Cantidad de líneas de telefonía móvil cada mil habitantes		2004	
Cantidad total de operadores de telefonía móvil	3	2004	
Volumen de facturación (U$S) Estimado	600.000.000	2004	Elab. propia
Cantidad de gente empleada en el sector			

1.10. Internet

El desarrollo de Internet en Guatemala ha registrado un importante aumento a lo largo del siglo XXI. De los 65.000 usuarios registrados en el año 2000, se ha pasado a 756.000 en el año 2005. Esto marca un impactante crecimiento del 1063%. De todas formas, sigue existiendo un importante sector de la población que se mantiene ajeno del acceso a las nuevas tecnologías de la información en general y a Internet en particular.

Internet		Año	Fuente
Cantidad total de computadoras cada mil habitantes			
Cantidad de conexiones a Internet cada mil habitantes			
Cantidad total de proveedores de conexión a Internet			
Cantidad Total de usuarios de Internet	756.000	2005	

1.11. Estructura del mercado publicitario

La inversión publicitaria guatemalteca se destaca como una de las más importantes de la región. Dentro del total, sin dudas la televisión ocupa un lugar estelar, con el 66% del total. La prensa escrita recibe el 23%, mientras que se destaca que la publicidad obtenida por la televisión por cable (que además registra ingresos por venta de abonos) supera a la inversión publicitaria en radio.

Los principales anunciantes en Guatemala son los supermercados, los bancos y las telecomunicaciones. También los propios medios de comunicación ocupan un lugar destacado en la inversión publicitaria.

Gráfico 18. Reparto del mercado publicitario

1.12. Análisis de la estructura de mercado

Pese a que las condiciones socioeconómicas del país no parecen contribuir demasiado al desarrollo de las industrias culturales en Guatemala, las mismas han sabido alcanzar una dimensión considerable. A partir de la fuerte incidencia de la televisión, y el crecimiento constante de la telefonía celular, el sector info-comunicacional tiene un importante peso en el PBI del país. Si bien no ha sido posible hallar cifras definitivas, fuentes extraoficiales indican que la facturación del sector telefónico supera los dos mil quinientos millones de dólares, lo que determinaría que sólo el sector telefónico rondaría el 10% del PBI. Si consideramos que no tenemos datos totales de los sectores del cable y la prensa escrita, ni del sector de las industrias del libro, disco y cine, y aún así el peso de las industrias culturales se ubica cerca del 2%, no es osado indicar que también este sector es importante para la economía guatemalteca.

Si bien los indicadores económicos son aceptables, no ocurre lo mismo con aquellos que muestran el acceso de la población a los bienes y servicios comunicacionales. Sólo la telefonía móvil ha alcanzado un nivel de penetración que la ubica entre las líderes de la región.

Guatemala	Facturación (millones de dólares U$A)	Ejemplares vendidos/ conexiones	Cada 1000 hab	Emplea-dos	Opera-dores
Libro	s/d		0		
Disco	s/d		0		
Cine	s/d		0		
Prensa (pub.)	$ 110,11	528.000	43		6
Radio (pub.)	$ 10,70	1.633.186	132		700
TV (publicidad)	$ 321,94	1.214.184	98		9
TV de pago	$ 43,44	330.000	27		
Telefonía Básica	(E) $ 230,00	1.132.000	91		5
Telefonía Móvil	(E) $ 600,00	3.168.000	256	0	4
Internet	s/d	51.000	4		
Subtotal IC	$ 486,19				
Total	$ 1316.19	8.056.370		0	

PBI	$ 27.500,00
PBI per cápita	$ 2.200,00
% IC en PBI	1,77%
% Soc Info en PBI	4,79%
Población	12.389.000

Gráfico 19. Facturación Guatemala

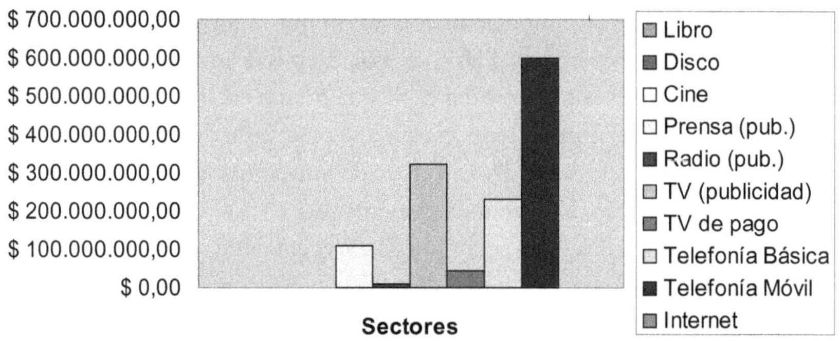

2. Concentración de la propiedad

Seguramente en pocos países se encontrará un nivel tan alto de concentración de la propiedad de los medios de comunicación como en Guatemala. La misma se produce en varios niveles: en primer lugar, porque el porcentaje de mercado que dominan las cuatro mayores empresas es notable; en segundo lugar, porque dentro de cada mercado la mayoría de los medios pertenecen a uno o dos grupos económicos; y finalmente, porque los principales grupos tienen posiciones dominantes en más de un mercado.

En su investigación sobre los medios en América Central, Rockwell y Janus han reflejado de forma muy clara, la situación de los medios en Guatemala: "Los medios guatemaltecos reflejan el sistema oligárquico. Una docena de familias dominan los medios electrónicos, controlando todas las emisoras de televisión y casi todas las de radio, y dos grupos de negocios constituidos por nueve familias controlan todos los periódicos de la nación y el 99% de la circulación. La mayoría de estos propietarios de medios también son dueños de la los mayores negocios e industrias en

Guatemala. Algunos son miembros de la oligarquía agrícola. Sin dudas, más allá del grupo Prensa Libre y el holding de radio y televisión de González, las economías de escala significan que la mayoría de los medios de comunicación en Guatemala no dan beneficio económico, y sólo pueden ser sostenidos por los resultados políticos y sociales que generan".

2.1. Prensa escrita

Dos grupos editoriales se reparten la mayor parte del mercado editorial guatemalteco. Por un lado esta el grupo Prensa Libre S.A., que edita el diario del mismo nombre y *Nuestro Diario*. Estos dos periódicos absorben el 80% de la circulación diaria. El grupo se inició en agosto de 1951 y es propiedad de las familias Sandoval, Girón de Blank, (descendiente de los Girón Collier), y Zarco. El restante 27,27% se reparte en un grupo integrado por Edgar Contreras Molina, Jorge Springhmul Samayoa y Gonzalo Marroquín Godoy, el actual director editorial de *Prensa Libre*.

El grupo Corporación de Noticias S.A. edita *Siglo Veintiuno* y *Al Día*. Luego de ser fundado por familias tradicionales guatemaltecas, el diario fue absorbido en un 60% por el grupo editor de *La Nación* de Costa Rica. El 40% restante está repartido entre los accionistas originales.

Finalmente está el grupo Aldea Global S.A. que edita el matutino *elPeriódico*. Fue fundado por un grupo de periodistas que se escindió de *SigloVeintiuno*, y hoy sus acciones están repartidas entre varios socios minoritarios.

Grupo	Facturación (en millones U$s)	Porcentaje de facturación	Ejemplares vendidos	Porcentaje de circulación
Nuestro Diario	12.489	11,34%	287.219	54,40%
Prensa Libre	59.904	54,40%	128.551	24,34%
Al día	5.828	5,29%	40.972	7,76%
elPeriódico	11.702	10,62%	25.395	4,80%
Subtotal 4 diarios principales		94,70%	482.137	91,30%
Total del mercado	110	100,0%	528.000	100,0%
Razón de concentración de facturación (C_f)		0,94		
Razón de concentración de audiencia (C_a)				0,93

Cabe destacar que el listado que antecede a este fue ordenado por el porcentaje de circulación, que difiere sustantivamente de los porcentajes de ingresos por facturación publicitaria. Esto se debe a que los periódicos "tradicionales serios" venden mucho menos que los "tabloides populistas", pero como están dirigidos a los sectores económicamente más pudientes, recaudan mucho más por publicidad. Esto explica que "Prensa Libre" se quede con más del 50% de la recaudación publicitaria y que Siglo XXI, no aparezca entre los cuatro diarios más vendidos, pero sea el segundo por recaudación publicitaria con 20,19% del total.

De todas formas, puede apreciarse que los índices de concentración son muy elevados en ambos casos. Hay que recordar que esta investigación analiza las empresas individualmente pero que si se considera la integración por grupos la concentración es aún mucho mayor.

Gráfico 20. Prensa: dominio del mercado

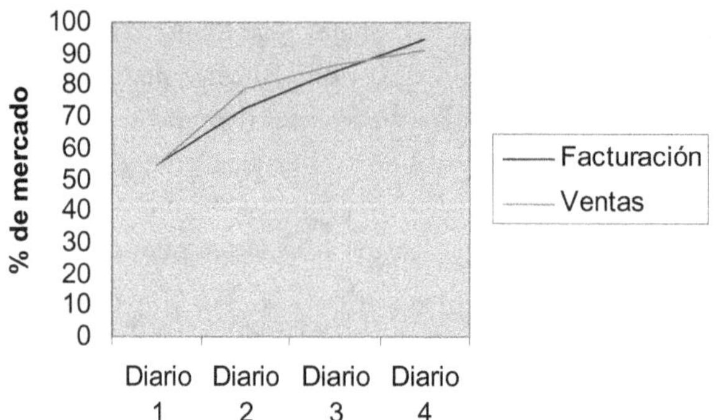

2.2. Radio

Si bien el gran número de radios existentes facilitaría una mayor pluralidad, la radio encuentra un alto nivel de concentración de la propiedad. Como ha demostrado el investigador y periodista Gustavo Berganza, el 54% de las licencias de radios se hallan en manos de unos pocos propietarios. De acuerdo al propio Berganza: "La reforma realizada por el gobierno del presidente Álvaro Arzú al sistema de telecomunicaciones por medio del decreto 94-96, Ley General de Telecomunicaciones, instauró un sistema por el cual las concesiones de usufructo de frecuencias de radio se otorgaban mediante subasta al mejor postor, por términos de quince años renovables. La ley no estableció limitaciones en cuanto al número de frecuencias que se podían gestionar. El énfasis en la subasta y la ausencia de limitaciones llevó a que en la actualidad 10 empresas concentren el 44% de las frecuencias otorgadas por la Superintendencia de Telecomunicaciones".

En este panorama hiperconcentrado se destaca el grupo Aliu's, del empresario chino-guatemalteco Eduardo Liu, que controla el 11% de todas las licencias de radio del país. En segundo lugar, está el grupo Central de Radios, que incluye la muy escuchada Radio Sonora, propiedad del magnate de medios Ángel González. Su principal competidor es el grupo Emisoras Unidas de la familia Archilla Marroquín. En cuarto lugar, se encuentra el grupo Nuevo Mundo, que incluye la Radio Nuevo Mundo, que en los últimos años incrementó su audiencia al incluir audiciones en lengua maya. Otros dos grupos destacados son la iglesia Católica y la Evangélica que también agrupan un buen número de licencias.

Grupo	Facturación (en millones U$s)	Porcentaje de facturación	Rating	Porcentaje de audiencia
Emisoras Unidas	1,09	10,18%		
Alfa	0,97	9,06%		
Sideral	0,86	8,04%		
tropicalita	0,78	7,29%		
Subtotal 4 radios principales	3,70	34,58%		
Total del mercado	10,70	100,0%		100%
Razón de concentración de facturación (C_f)		0,35		
Razón de concentración de audiencia (C_a)				

Debido a la gran dispersión de radios ya indicadas es difícil analizar el reparto de las audiencias en Guatemala. Si se toma la facturación publicitaria, vemos que cuatro radios de un total de más de 500, concentran el 35% de la facturación. Si se agregara la facturación por grupo económico, los índices de concentración serían notablemente superiores. Existe un muy alto nivel de concentración en el mercado de radio en Guatemala, que convive un importante número de emisoras que operan en condiciones de completa marginalidad y precariedad económica.

Gráfico 21. Radio: dominio del mercado

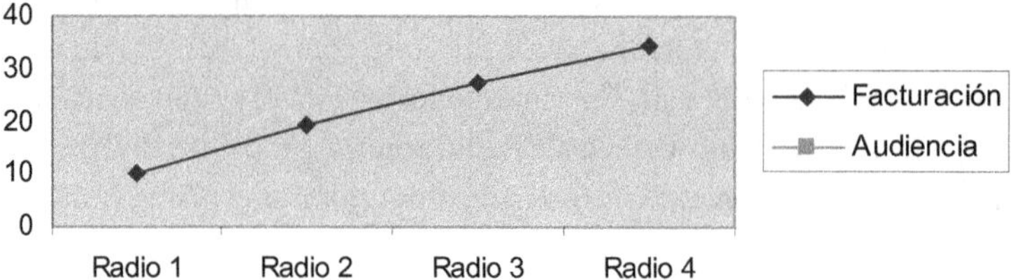

2.3. Televisión abierta

Como ya ha sido señalado, es muy posible que no exista otro país en el mundo con un nivel tan alto de concentración de la propiedad de los canales de televisión como Guatemala. En efecto, los cuatro canales de televisión abierta en VHF pertenecen al mismo empresario, Ángel González. Si bien la televisión privada tuvo sus orígenes en la década del 50, la incidencia de González se desarrolló a partir de los 70. De acuerdo a la periodista Evelyn Blanck, González acapara más de 20 frecuencias de televisión, si se agregan las emisoras de UHF.

La única competencia que se puede avizorar, aun cuando su importancia es realmente menor esta en el canal Latitud Televisión en UHF, que perteneció a la familia Botrán, pero que recientemente ha firmado compromisos con el magnate mexicano Ricardo Salinas Pliego, dueño de TV Azteca.

Grupo	Facturación (en millones U$s)	Porcentaje de facturación	Rating	Porcentaje de audiencia
Canal 7	145,81	45,29%		20,9%
Canal 3	131,58	40,87%		21,6%
Guatevisión	17,95	5,57%		
Canal 13	17,08	5,30%		7,1%
Subtotal 3 emisoras principales		77,58%		
Total del mercado	321,94	100,0%		100,0%
Razón de concentración de facturación (C_f)		0,97		
Razón de concentración de audiencia (C_a)				

Si se analiza la concentración de la propiedad de acuerdo a como se reparten los ingresos publicitarios vemos que los cuatro canales pertenecientes a Ángel González absorben el 95% del total de dichos ingresos. El canal Guatevisión se distribuye por cable, pero acapara una importante inversión publicitaria. Los niveles de audiencia se han colocado ha nivel indicativo, ya que las mediciones disponibles incluyen al cable (con un 39,4%), que en muchos casos es utilizado para ver los canales abiertos. Existe un virtual monopolio económico de la televisión en Guatemala.

Gráfico 22. Televisión: dominio del mercado

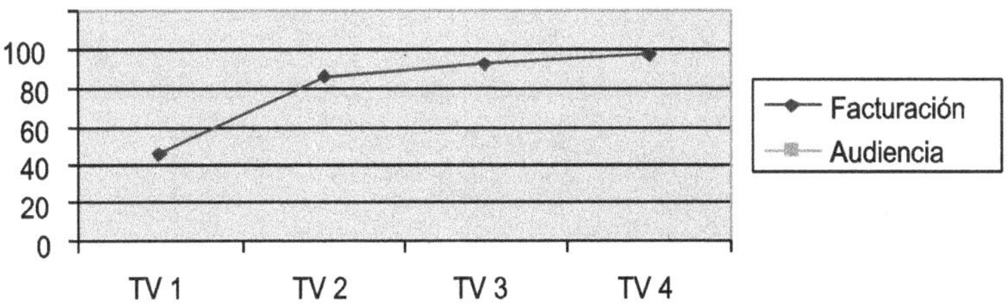

2.4. Televisión de pago (cable y satélite)

Desafortunadamente no ha sido posible obtener datos de cómo se encuentra distribuido el mercado de cable en Guatemala. De acuerdo a

Gustavo Berganza, se destaca la señal Guatevisión, que pertenece al grupo Prensa Libre, y el canal Antigua, propiedad de los hermanos Alfred y Willly Kaltschmitt Luján, así como VEA Canal, del empresario importador de maquinaria para panificación Otto Rottmann Chang.

2.5. Telefonía básica

Si bien el mercado de la telefonía en Guatemala fue totalmente desregulado en 1997, el dominio de la empresa que heredó las operaciones de la estatal Guatel es casi absoluto. Si bien existen varias empresas habilitadas para dar servicios de telefonía fija en el país, el mercado esta en manos de Telgua y en una medida muy inferior de TEM. Telgua pertenece al grupo del empresario mexicano Carlos Slim, América Móvil. Por su parte, TEM forma parte del grupo Telefónica de España.

Grupo	Facturación (en millones U$s)	Porcentaje de facturación	Cantidad de abonados	Porcentaje de mercado
Telgua (América Móvil)			929.800	82,00%
TEM (Telefónica)			76.200	6,72%
Cablenet			45.700	4,03%
Senon			34.587	3,05%
Subtotal 4 operadores principales				100%
Total del mercado		100%	1.134.000	100%
Razón de concentración de facturación (C_f)				
Razón de concentración de audiencia (C_a)				0,96

La empresa incumbente Telgua mantiene el dominio del 82% del total de las líneas fijas existentes en Guatemala. Dado el marcado dinamismo del sector de la telefonía móvil no se predicen cambios importantes en este sector para los próximos años.

Gráfico 23. Telefonía Básica: dominio del mercado

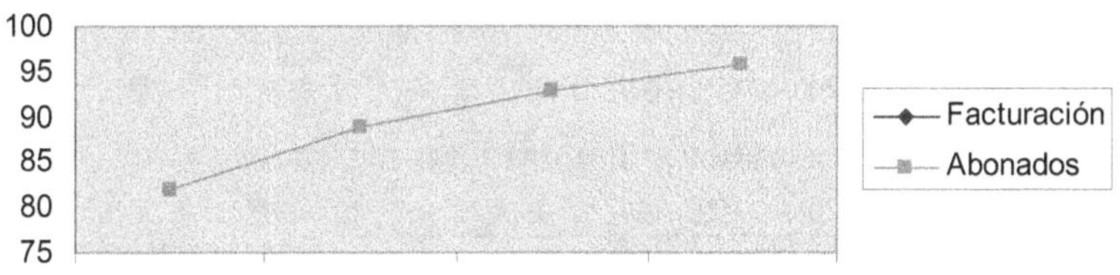

2.6. Telefonía móvil

Si bien la telefonía móvil tuvo sus orígenes en 1989 en Guatemala, no fue hasta los últimos años de la década del 90, que el mercado se orientó hacia un marcado crecimiento y su estructura actual. Fue entonces cuando las dos principales empresas que se disputan todos los mercados de la región también hicieron su ingreso en el país. En efecto, con la presencia de América Móvil y Telefónica, el sector de la telefonía móvil adquirió su madurez y comenzó un vertiginoso proceso de crecimiento.

Además de las empresas mencionadas, se destacaron COMCEL, ahora rebautizada Tigo, de la multinacional Millicom, y Bell South. Sin embargo esta última fue adquirida en 2004 por Telefónica a nivel regional, por lo que el mercado quedó limitado a tres empresas.

Grupo	Facturación (en millones U$s)	Porcentaje de facturación	Cantidad de abonados	Porcentaje de mercado
Telgua			1.520.640	48%
Comcel (Millicom)			918.720	29%
Movistar + Bell South			728.640	23%
Subtotal 4 operadores principales		100%		100%
Total del mercado	300	100%	3.168.000	100%
Razón de concentración de facturación (C_f)		1		
Razón de concentración de audiencia (C_a)				1

Como puede apreciarse existe una importante concentración de la propiedad en el mercado de la telefonía móvil en Guatemala. Es importante recordar que la posición dominante de Telgua, se complementa con su dominio de la telefonía básica.

Gráfico 24. Telefonía móvil: dominio del mercado

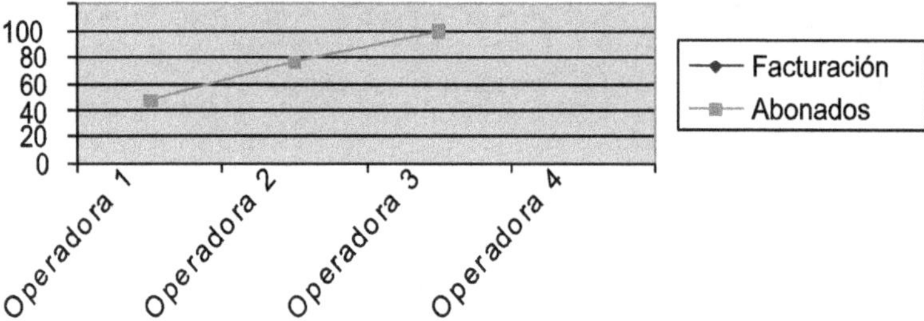

2.8. Análisis de la concentración en Guatemala

Decir que el 84% del mercado de la prensa escrita se encuentra en manos de un solo grupo, que el 54% de las más de 500 licencias de radio es repartido entre nueve grupos radiales, que una sola persona detenta el control de los canales de televisión, da sobrada cuenta de los elevados índices de concentración que existe en el sector info-comunicacional en Guatemala. Pero no sólo porque se verifica que el porcentaje de mercado que alcanzan los cuatro primeros operadores es muy elevado, sino porque además varios (en el caso de la televisión todos) de los cuatro primeros operadores son mantenidos por una misma empresa. De esta manera el nivel de la concentración de medios es mucho más elevado que lo que refleja esta investigación

Si se considera el porcentaje de mercado que detenta el primer operador en cada uno de los mercados info-comunicacionales en Guatemala, es posible apreciar que en la mayoría de los casos supera el 40% del mercado, con la excepción de la radio, que de todas maneras presenta un elevado grado, pese a que sólo se considera a una radio y no al conjunto de su grupo.

Gráfico 25. Guatemala: domino del mercado del primer operador

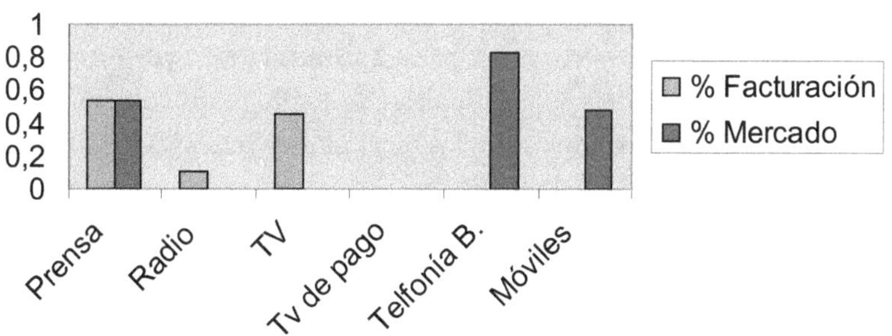

Pero si se toma como referencia el dominio de mercado de los cuatro primeros operadores los índices de concentración son decididamente muy elevados. Existe un marcado oligopolio en los mercados de prensa, radio, y telefonía y un virtual monopolio en el caso de la televisión abierta. La concentración es tan alta en las industrias culturales, que los habitualmente más elevados números del sector telefónico (en otros países de la región) aquí se encuentran a la par del conjunto de los mercados estudiados. Siendo que Guatemala es un país pluricultural, con una historia política marcada por el intervencionismo y la violencia, es de esperar que el lento retorno a sistemas de gobierno democráticos sean acompañados por dosis de mayor pluralismo en los medios de comunicación.

Gráfico 26. Guatemala: coeficiente de concentración

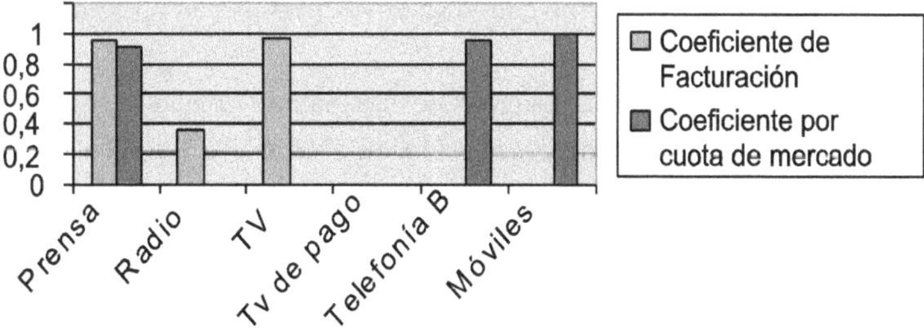

3. Los grupos de comunicación

No existe en Guatemala un grupo de comunicación que tenga significativa presencia en todos los mercados del sector info-comunicacional.

Podemos diferenciar entonces dos tipos de grupos: los del sector telefónico y los de las industrias culturales. Dentro de los telefónicos se destacan TELGUA y Telefónica, con un claro predominio del primero.

Si nuestro estudio se circunscribiera a estudiar el mayor grupo por capacidad económica, no existen dudas que ese lugar le corresponde a TELGUA. Con amplio dominio en los mercados de telefonía fija, móvil y presencia en el mercado de Internet, sus ingresos superan ampliamente al del conjunto de las industrias culturales. También se destaca por ser uno de los principales anunciantes del país, con lo cual su influencia sobre los medios es poderosa. De todas formas, el grupo TELGUA no tiene capacidad directa de generar mensajes, y por tal motivo, hemos preferido seleccionar para el análisis más detallado a uno de los grupos más importantes con propiedad en el sector de los medios de comunicación.

Como se verá más adelante el grupo de Ángel González es el más poderoso de los grupos de medios dado que controla el 95% de la inversión publicitaria en televisión, la más alta del país. González no sólo es un amplio dominador de la televisión Guatemalteca, sino que ha logrado expandirse a lo largo y ancho de América latina.

Otro grupo que es importante destacar debido a su participación en más de un mercado comunicacional es el grupo "Prensa Libre". Como se ha visto, el grupo Prensa Libre domina el 84% de la circulación de periódicos a través de sus publicaciones *Nuestro Diario* y *Prensa Libre*. Además tienen intereses en diarios de provincia, y en los últimos años se ha expandido hacia un nuevo sector con el cada vez más influyente canal de cable Guatevisión.

Si bien no es determinante, los ejemplos arriba mencionados, marcan la presencia del capital extranjero, no sólo en el sector telefónico, sino también en la propiedad de los medios de comunicación.

3.1. Grupo González

Seguramente se ha escrito mucho más sobre Ángel González que lo que verdaderamente se lo conoce. Su misteriosa carrera le ha hecho acreedor del mote de "fantasma". Su presencia es bien amplia en todo el continente americano desde el sur, con presencia en canales de Chile y Argentina, hasta México, pasando por Brasil, Perú, Paraguay y Ecuador. En Centroamérica está presente en todos los países menos en Honduras y Panamá. En total Ángel González controla en la región cerca de 40 canales de televisión y más de 70 estaciones de radio. Se calcula que el valor de su red de medios se aproxima a los cuatrocientos millones de dólares. Su modelo de negocios es claro: la sumatoria de canales en la región le permite rentabilizar los derechos de los programas, especialmente novelas, que posee. De esta forma son canales de bajo costo, pero de importante rentabilidad. Tiene una histórica conexión con el grupo Televisa de México, dado que trabajo allí en su juventud.

En Guatemala su poder en el sector televisivo es absoluto, lo que lo ha tornado un interlocutor privilegiado de los gobernantes y de los aspirantes a serlo. Además de poseer los cuatro canales privados en UHF, a través de la Corporación de Radios, tiene 20 estaciones de radio, entre ellas la única que se dedica plenamente a las noticias, Radio Sonora. Este fue el primer medio propiedad de González en territorio guatemalteco. También forman parte de su emporio una cadena de salas de cine –el circuito de Cines Alba–, la franquicia local los almacenes Sear's, y otros negocios. Debido a que la legislación local prohibía la propiedad extranjera de los medios de comunicación, González –de origen mexicano– colocó sus medios de comunicación a nombre de su esposa, de origen guatemalteco.

Según Hans Koberstein, en su artículo "Políticas de comunicación y democratización: El caso de Guatemala"[1], "*El mexicano Remigio Ángel González y González inició sus actividades en Guatemala en los años ochenta para convertirse en el hombre fuerte de la televisión guatemalteca, sin encontrarse con mayores obstáculos políticos, a pesar de que la legislación prohibía a extranjeros la adquisición de medios de comunicación. A finales de los años noventa, González controlaba todos los canales de televisión de cobertura nacional incluyendo los noticieros. Igualmente se adueñó de 22 frecuencias de radio, entre ellas, la única radio puramente informativa del país, Radio Sonora*" (…) "*González estaba empeñado en mantener buenas relaciones con el gobierno de turno. Ordena en los tele noticieros un trato favorable a los candidatos presidenciales con más posibilidades de ganar y ofreciéndoles condiciones especiales para la propaganda política, de forma que ninguna campaña electoral pueda funcionar sin el apoyo de González. Si el presidente de turno se mostraba descontento por la emisión de informaciones perjudiciales para*

---

[1] *Revista Latina de Comunicación Social*, Número 13, enero 1999.

el gobierno, González se encargaba de suprimir estas informaciones. Este mecanismo se ha vuelto casi rutinario en algunas redacciones".

Estructura Grupo González (en Guatemala)

Grupos	TV		TV cable		Internet	
	Empresas.	Rating	Cías.	Abonos	Cías.	Abonos
Grupo González	Canal 3 Canal 7 Canal 11 Canal 13					

Grupos	Radio		Telefonía Básica	
	Empresas	Rating	Empresas	Abonos
Grupo González	Corporación de Radios		Cable Onda	

Integración vertical de empresas del González

Actividad	TV	Radio	Cine	TV Cable	Internet
Materiales / Infraestructura					
Contenidos/ Servicios	Canales 3, 7, 11 y 13,	Corporación de Radios			
Difusión / Distribución	Canales 3, 7, 11 y 13,	Corporación de Radios	Salas de cine		

Estrategia

Punto de vista (se especifican las variables posibles entre paréntesis)	Grupo C&W
Ámbito Territorial (transnacional o nacional)	Internacional
Grado de Integración (vertical u horizontal)	Horizontal y vertical
Modo de Crecimiento (externo, interno o mixto)	Mixto
Origen del capital (comunicación o extra-comunicación)	Medios de comunicación

Honduras

Dos aspectos sobresalen en la historia hondureña durante el siglo XX. En primer lugar la injerencia clave de Estados Unidos sobre la política del país, dificultando el funcionamiento democrático al sostener diversos gobiernos y juntas militares. Por otra parte, deben considerarse las carencias surgidas de fenómenos propios de la naturaleza, entre los que se destacan el Huracán Mitch cuyo paso en 1998 produjo enormes destrozos que afectaron seriamente la economía. Si existían entonces fuertes bolsones de pobreza, esta catástrofe natural implicó que por varios años los mayores esfuerzos estuvieran puestos en la reconstrucción de la infraestructura básica. Se calcula que los daños materiales producidos por esta catástrofe natural se ubicaron cerca del 50% del PBI anual.

A diferencia de otros países centroamericanos, Honduras no cuenta con una oligarquía terrateniente, ya que las compañías fruteras estadounidenses se instalaron en el país comprando las tierras. La injerencia de los Estados Unidos en la economía y la política del país ha sido y es muy alta. Sin embargo desde 1985, se ha mantenido un sistema formalmente democrático, frágil y aún con resabios de autoritarismo.

Históricamente la economía del país estuvo muy vinculada a la producción agrícola (especialmente frutícola) y a los Estados Unidos. Esta relación se mantiene, tanto por el peso del país del norte en las exportaciones e importaciones hondureñas como por la firma del tratado de libre comercio firmado a comienzos del siglo XXI, que ha extendido la influencia estadounidense en toda la región. En los últimos años se han destacado las inversiones mineras, así como el creciente peso en la economía de las remesas de dinero que envían los hondureños que viven en el exterior. Por otra parte, las elites nacionales han estado vinculadas al comercio y al sector bancario.

Si bien el porcentaje de la población que vive en zonas rurales es muy alto (48%), se verifica un constante desplazamiento de familias del campo a la ciudad. La capital administrativa Tegucigalpa es la más poblada, pero compite con la ciudad norteña San Pedro Sula en términos de importancia económica. Es uno de los países de la región que presenta mayores índices de crecimiento demográfico.

De acuerdo a su estructura socioeconómica Honduras es un país fragmentado, con una minoría acomodada e importantes porcentajes de la población viviendo en condiciones de pobreza (superior al 60%) e indigencia (superior al 50%). Su PBI per cápita es apenas más elevado que el nicaragüense, el más pobre de los analizados en este estudio. De acuerdo al índice de Desarrollo Humano elaborado por el PNUD de las Naciones Unidad para el año 2007, Honduras se encuentra entre las naciones de desarrollo medio bajo, con un modesto puesto 115, en el ranking global mundial. Sólo supera en este rubro a Guatemala entre los países centroamericanos.

Las características hasta aquí presentadas no resultan muy alentadoras para el desarrollo de industrias culturales fuertes. Una población empobrecida y dispersa, con muy bajo poder adquisitivo, dificulta que se alcancen las economías de escala necesarias para amortizar los altos costos de producción de contenidos locales. De esta forma, se aprecia una fuerte dependencia de productos culturales extranjeros. El acceso a bienes y servicios culturales que impliquen un pago directo se ve limitado al reducido grupo poblacional que se encuentra en el tope de la pirámide social. Por otra parte un reducido grupo de propietarios de medios han utilizado su capacidad de influencia para promover sus negocios y sus causas políticas. En general, muchos de los principales políticos del país son propietarios de medios de comunicación o tienen relación familiar directa con sus dueños.

Estructura del mercado cultural

Desafortunadamente no ha sido posible contar con datos ciertos de los sectores del libro, el cine y el disco. El cine tuvo sus orígenes en la década del 40. Existen en el país más de 40 salas de exhibición pero la producción de películas es muy limitada. En los últimos años existió un avance en términos de producción, con el estreno de tres películas locales. La industria del disco enfrenta un mercado paralelo muy importante, mientras que la el sector editorial, presenta un mercado reducido ante los altos niveles de analfabetismo.

Prensa diaria

Existen cuatro periódicos en Honduras, que alcanzan una difusión estimada de 160.000 ejemplares diarios. Una particularidad del país, que se observará en otros medios también, es que el mercado se encuentra dividido entre Tegucigalpa y San Pedro Sula, sin que ninguna ciudad tenga un marcado predominio. *La Prensa*, el diario más leído del país se edita en San Pedro Sula, al igual que *El Tiempo*, mientras que *El Heraldo* y *La Tribuna*, tienen su origen en la capital. En los últimos años ha surgido un nuevo periódico *Honduras News*, principalmente dirigido al incipiente mercado turístico hondureño. También han comenzado a tener influencia algunos periódicos digitales (*Hondudiario.com* y *Proceso.hn*). El mercado hondureño de diarios es bastante inestable: los dos periódicos líderes en la década del 70 *El Día* y *El Cronista*, ya han dejado de circular.

El diario *La Prensa* fue fundado en 1964, es de formato tabloide y su circulación se estima en 50.000 ejemplares diarios. Una tirada similar tendría el *El Heraldo*, editado en Tegucigalpa. Como se desarrollará más adelante el control de la prensa esta en manos de las familias Canahuati y Roshental. Los Roshental, con fuertes intereses en el sector bancario, tienen una importante relación con el actual presidente Zelaya.

Con posterioridad al 2004 se lanzó un diario Deportivo, *Diez*, Existen También publicaciones quincenales como *El Libertador* y *El Patriota*.

Prensa escrita (diarios)		Año	Fuente
Cantidad de ejemplares vendidos anualmente (parcial)			
Cantidad de ejemplares vendidos cada mil habitantes (año)			
Cantidad total de títulos de prensa diaria	4	2004	Zenith
Volumen de facturación (U$S)			
Volumen de facturación por inversión publicitaria (U$S)	53.746.806	2004	Media Gurú
Porcentaje de títulos de circulación nacional sobre el total			
Cantidad de gente empleada en el sector			

Radio

La radio es el medio más popular en Honduras. De acuerdo a las crónicas periodísticas y diversas investigaciones, entre el alto grado de analfabetismo y una topografía que dificulta la transmisión de señales nacionales de televisión, la radio es el mejor medio para tener presencia en todos los hogares hondureños. Se calcula que el 98% de los hogares cuentan con aparatos receptores. Sin embargo, su economía es muy limitada, y es la industria cultural con el nivel de facturación más bajo.

Existen más de 500 emisoras de radio entre AM y FM, la mayoría de carácter local. La primera radio del país "HRP1", fundada por Manuel Escoto, tuvo sus orígenes en San Pedro Sula en 1928. Hoy en día existen dos corrientes radiales, una de orientación mexicana y otra cubana. Las dos principales emisoras son "HRN", que cubre el 90% del territorio nacional y cuenta con varias repetidoras, y "Radio América" de orientación cubana en los años 50, al comando de Rafael Silvio Peña y Emilio Díaz.

Radio		Año	Fuente
Cantidad total de aparatos receptores de radio	1.146.103	2002	Zenith
Aparatos receptores cada mil habitantes	160	2002	
Cantidad total de emisoras de radio	563	2004	CONATEL
Porcentaje de emisoras de alcance nacional			
Volumen de facturación (U$S)	14.912.856	2004	Media Gurú
Volumen de facturación por inversión publicitaria (U$S)	14.912.856	2004	Media Gurú
Cantidad de gente empleada en el sector (junto a TV)			

1.6. Televisión

Los orígenes de a televisión en Honduras datan de septiembre de 1959 cuando comenzó sus emisiones HRTGTV Canal Cinco, a cargo de Enrique Lardizábal. A lo largo de la década del 60 se consolidaron canales en las dos ciudades principales. En la actualidad existen numerosas estaciones de televisión, al punto que la autoridad reguladora CONATEL, declara

que el espectro se encuentra saturado. La televisión hondureña cubre 70%
del territorio y tiene una penetración que alcanza al 48% de los hogares.
La falta de cobertura de amplias zonas campesinas y la imposibilidad de
enfrentar el costo del acceso a los aparatos reproductores en las franjas
empobrecidas de la población dan cuenta de las limitaciones estructurales
para un mayor desarrollo de la televisión Hondureña. De todas formas, es
el medio que acapara la mayor parte de la inversión publicitaria.

En el espectro VHF desde el Canal 2 hasta el 13, funcionan actualmente en Tegucigalpa los canales: 3, 5, y 7 del grupo Televicentro, el 6 (que
se origina en San Pedro Sula, del empresario Nodarse), el 9 (VICA), el
11 (SOTEL) y el 13 (HONDURED). Existen numerosos canales en el
espectro UHF.

Televisión Abierta		Año	Fuente
Cantidad total de aparatos receptores de televisión	561.357	2002	Zenith
Cantidad de aparatos receptores cada mil habitantes	78	2002	
Cantidad total de emisoras de televisión	300	2004	CONATEL
Porcentaje de emisoras de alcance nacional			
Porcentaje de programac. nacional sobre total			
Volumen de facturación (U$S)	108.869.779		
Volumen de facturación por inversión publicitaria (U$S)	108.869.779	2004	Media Gurú
Cantidad de gente empleada en el sector (junto a radio)			

1.7. Televisión de pago

Lamentablemente no hemos podido obtener muchos datos sobre la televisión de pago en Honduras. Si que los sistemas de cable tienen presencia en
el interior del país, en las zonas no cubiertas por la televisión. También hay
grandes operadores en las principales ciudades. Han existido conflictos con
algunos operadores de canales de cable que bajaban señales internacionales
sin permiso de sus propietarios ni abonar el cargo correspondiente. Esto
motivo reclamos de parte del gobierno de Estados Unidos.

De acuerdo a datos suministrados por el periódico "El Heraldo", entre el 2003 y el 2006 se incrementó notablemente el número de hogares que cuentan con servicios de televisión por cable, hasta alcanzar cerca de un 40%. La misma fuente señala que 82% de las familias que residen en el sector urbano tienen el servicio, mientras que en el área rural apenas alcanza al 17.7% de los hogares. En la ciudad de Tegucigalpa existen 10 operadores de televisión por cable.

Televisión de pago		Año	Fuente
Cantidad total de abonados al sistema de tv por cable	557.300	2006	El Heraldo
Cantidad total de abonados al sistema de tv vía satélite			
Cantidad total de operadores de señales de cable	131	2004	CONATEL
Cantidad total de operadores de señales satelitales	1	2004	CONATEL
Porcentaje de señales nacionales (cable)			
Porcentaje de señales nacionales (satélite)			
Volumen de facturación			
Volumen de facturación por inversión publicitaria			
Cantidad de gente empleada en el sector			

1.8. Telefonía básica

La principal particularidad del sector de las telecomunicaciones en Honduras fue que entre 1976 y 1995 se mantuvo bajo el control directo de las Fuerzas Armadas. Debido a que fue considerado un sector estratégico para la seguridad nacional, la empresa HONDUTEL quedó como un monopolio estatal hasta bien entrado el siglo XXI. En 1995 se estableció la Ley Marco para el sector de las Telecomunicaciones que procuraría adaptar la telefonía a las nuevas lógicas neoliberales imperantes en la región. Sin embargo, varios procesos de capitalización y venta se vieron frustrados. El más importante tuvo lugar durante el año 2000 cuando las ofertas fueron mucho más bajas que las pretendidas por el estado hondureño. Recién en el año 2003 se permitió la existencia de suboperadores, que deben establecer relaciones comerciales con HONDUTEL. Hemos estimado el volumen de ingresos generados por la telefonía básica en Honduras durante el año 2004 en cincuenta millones de dólares.

Mientras tanto, el acceso de la población a los servicios telefónicos se mantuvo entre los más bajos de la región, en la que apenas supera en el rubro a Nicaragua. Otro hecho para destacar es que 70% de las líneas instaladas se concentran en los dos principales distritos políticos del país en el que sólo se concentra 35% de la población. Estos números sirven para reflejar la enorme desigualdad en la distribución de los recursos, en este caso a favor de los grandes centros poblacionales, Tegucigalpa y San Pedro Sula.

Telefonía Básica		Año	Fuente
Cantidad Total de líneas de telefonía básica	387.314	2004	CONATEL
Cantidad de líneas de telefonía básica cada mil habitantes	54	2004	CONATEL
Cantidad total de operadores de telefonía básica	38	2004	CONATEL
Volumen de facturación (U$S)	50.000.000	2004	Elab. Propia
Cantidad de gente empleada en el sector			

1.9. Telefonía móvil

La telefonía móvil tuvo sus inicios en Honduras recién en 1996, cuando el estado otorgó una licencia a la empresa CELTEL. El desarrollo del mercado fue creciente pero moderado hasta fines de 2003. A fines de dicho año dos hechos sustanciales tuvieron lugar: se permitió la entrada de un segundo operador y las líneas móviles superaron en cantidad a las líneas fijas. El sistema más utilizado es el de los sistemas de prepago que han permitido que el mercado telefónico se expanda a un ritmo vertiginoso desde 2003 hasta la actualidad. De todas formas, el sector más pobre de la sociedad tiene serias dificultades para acceder al mercado. Hemos estimado la facturación del sector de telefonía móvil en el año 2004 en ciento treinta millones de dólares, a partir de los balances de las empresas, pero esta información es imprecisa porque las empresas no distinguen en sus balances entre los diferentes países de América Central.

Durante el año 2007, al procurar el gobierno modificar el marco regulatorio de las telecomunicaciones, se estableció una fuerte polémica entre los propietarios de medios y el Poder Ejecutivo, por presiones cruzadas para favorecer intereses económicos.

Telefonía móvil		Año	Fuente
Cantidad Total de líneas de telefonía móvil	707.201	2004	CONATEL
Cantidad de líneas de telefonía móvil cada mil habitantes	99	2004	CONATEL
Cantidad total de operadores de telefonía móvil	2	2004	CONATEL
Volumen de facturación (U$S) Estimado	130.000.000	2004	Elab. Propia
Cantidad de gente empleada en el sector			

1.10. Internet

El desarrollo de Internet en Honduras al año 2004 no era muy elevado. La población con acceso al servicio era muy baja. Si bien en los últimos años se han incrementado las conexiones, el país se encuentra entre los de menor desarrollo de la región en este sector.

Internet		Año	Fuente
Cantidad total de computadoras cada mil habitantes			
Cantidad de conexiones a Internet cada mil habitantes	3	2004	CONATEL
Cantidad total de proveedores de conexión a Internet	65	2004	CONATEL
Cantidad Total de usuarios de Internet	222.273	2004	CONATEL

1.11. Estructura del mercado publicitario

El mercado publicitario en Honduras es dominado por la televisión que acapara 62% del conjunto de los ingresos, pese a que su presencia en los hogares no es tan alta como en otros países. Esto se explica por el alto costo del segundo publicitario en relación a la radio y por la gran cantidad de canales existentes. Pese a contar con sólo cuatro diarios, la prensa canaliza una parte importante de la inversión publicitaria.

El principal sector anunciante del país es el privado. Sin embargo en años electorales hay un marcado incremento de la publicidad de los partidos políticos. El Estado Nacional es otro importante anunciante. Se destacan en el sector privado los bancos, los supermercados y las cadenas de alimentación y de venta de electrodomésticos.

Gráfico 27. Reparto del mercado publicitario

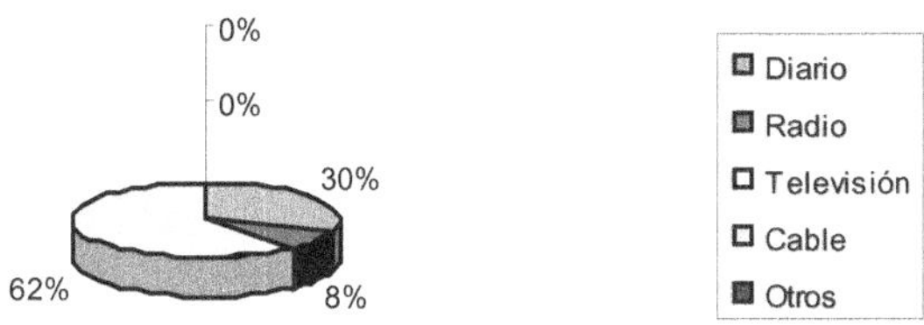

1.12. Análisis estructura de mercado

Los índices de acceso a las industrias culturales son muy bajos. Salvo el notable incremento de la telefonía celular, en las otras áreas se encuentra entre los más bajos de la región. Cabe destacar que los indicadores de penetración de la televisión abierta y de cable corresponden a distintos años debido a que no existen datos anteriores a 2006 para la televisión por cable. Luego de 2004 se ha producido incrementos en el acceso de la población a algunos bienes y servicios culturales que no han sido registrados en el presente trabajo.

Pese a la escasez de datos obtenidos, la falta de números concretos sobre la facturación de los sectores del libro, el disco, el cine y la televisión por cable, las industrias culturales se revelan como importantes para la economía hondureña al alcanzar un 2,57 del PBI. Si bien no se han obtenido datos de la facturación del sector telefónico, no es arriesgado tener como hipótesis que la misma debe superar ampliamente a la de las industrias culturales.

Honduras	Facturación (millones de dólares U$A)	Ejemplares vendidos/ conexiones	Cada 1000 hab	Emplea-dos	Opera-dores
Libro	s/d		0		
Disco	s/d		0		
Cine	s/d		0		
Prensa (pub.)	$ 53,75		0		
Radio (pub.)	$ 14,91	1.146.103	160		563
TV (publicidad)	$ 108,87	561.357	78		300
TV de pago	s/d	573.000	80		132
Telefonía Básica	(E) $ 50	387.314	54		38
Telefonía Móvil	(E) $130	707.201	99		2
Internet	s/d	22.227	3		65
Subtotal IC	$ 177,53				
Total	$ 357,53	3.397.202		0	
PBI	$ 6.900,70				
PBI per cápita	$ 962,00				
% IC en PBI	2,57%				
% Soc Info en PBI	5,18%				

Gráfico 28. Facturación Honduras

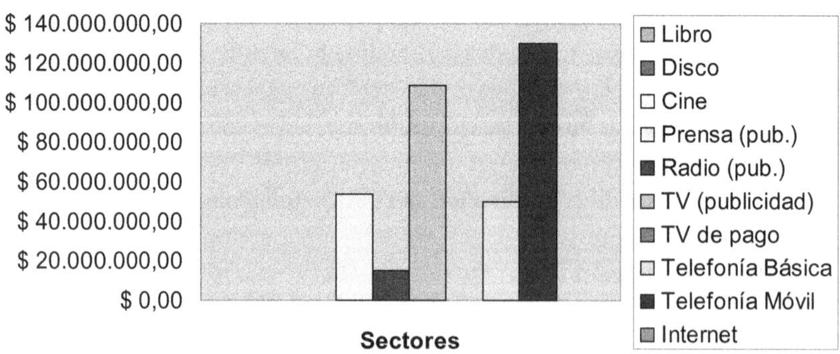

2. Concentración de la propiedad

La periodista Thelma Mejía describe con acierto los fuertes límites que existen para el desarrollo de medios de comunicación democráticos en Honduras: "Entrada la década de los noventa, cuando el retorno formal a la democracia se empieza a fortalecer, la censura dejó de ser ideológica para convertirse en relaciones de interés político y económico entre el gobierno, dueños de medios y prensa. Fue una acción de libre mercado, de oferta y demanda, según expresará en una entrevista que le realicé hace un par de años al ex presidente hondureño Rafael Leonardo Callejas (1990-1994). Considerado el hombre que impulsó el neoliberalismo en el país, Callejas también fue el precursor de la corrupción en el periodismo hondureño y la redefinición de nuevas formas y mecanismos de censura sutil a la prensa". Claro que para que estas estrechas relaciones entre propietarios de medios y poder político fueran tan marcadas, es preciso contar con un sistema mediático controlado por muy pocas manos. En efecto, como se verá a continuación, unas pocas familias controlan los medios de comunicación en Honduras. La mayoría de las mismas provienen de familias árabes que se hicieron fuertes en el sector comercial en la primera mitad del siglo XX y por ella son conocidas como "los turcos".

Este panorama aparece más que justificado si se considera que en la misma apertura de la reunión de la Sociedad Interamericana de Prensa, el actual presidente de Honduras Manuel Zelaya (2006-2010) denunció que en su país hay poderosos oligopolios en la propiedad de los medios de comunicación. Según el presidente de ese país centroamericano, los intereses económicos de los grupos limitan el derecho de los ciudadanos a la información. Un viejo refrán dice que a confesión de partes, relevo de pruebas. En este caso, lo que Zelaya omite es su vínculo con el grupo Roshental, también propietario de medios, pero con intereses enfrentados a "los turcos".

Desde una posición menos apasionada los investigadores norteamericanos Rockwell y Janus, "los barones de los medios han usado sus *holdings* de radiodifusión y prensa para promover sus negocios, sus causas políticas, y sus propias agendas sociales. En Honduras, de todas formas, un pequeño grupo de familias, usan el control del flujo informativo y su fuerza dentro de uno de los principales partidos políticos, para incrementar su poder mediático y finalmente tomar el control de la presidencia". Hay varios casos, como los de los presidentes Flores y el propio Zelaya, que confirman que un excelente camino para llegar a la presidencia de Honduras, es la cercanía a los grupos mediáticos concentrados.

2.1. Prensa escrita

Tres familias controlan la prensa escrita en Honduras. Esto deriva en un muy alto índice de concentración de la propiedad, ya que sólo tres grupos controlan los únicos cuatro diarios existentes. La familia Canahuati detenta el control de *La Prensa*, uno de los de mayor tirada, en San Pedro Sula, y *El Heraldo*, en Tegucigalpa, y el deportivo *Diez*. Recientemente los Canahuati se han expandido hacia la televisión por cable. Por su parte la familia Facussé, a la que pertenece el ex presidente Flores, es dueña del periódico *La Tribuna*, mientras que el ya desaparecido *El Periódico* fue comprado por Weddle Calderón que fue durante mucho tiempo uno de los líderes del congreso. Junto a el participó del grupo inversor el ya mencionado presidente Rafael Calleja. El periódico *Diario Tiempo* pertenece a la familia Roshental. Otro diario importante en su tiempo fue *El Nuevo Día*, que ya cerró.

Grupo	Facturación (en millones U$s)	Porcentaje de facturación	Ejemplares vendidos	Porcentaje de circulación
La Tribuna	18,58	34,57%		
La Prensa	16,82	31,30%		
El Heraldo	12,33	22,94%		
Diario Tiempo	6,01	11,18%		
Subtotal 4 diarios principales	53,74	100		
Total del mercado	53,74	100,0%		100,0%
Razón de concentración de facturación (C_f)		1		
Razón de concentración de audiencia (C_a)				1

Del análisis de la distribución de la facturación se desprende un altísimo nivel de concentración de los cuatro periódicos en Honduras. Como se ha señalado el nivel es mucho más significativo en cuanto un mismo grupo detenta el control del segundo y el tercer periódico por nivel de facturación. Los datos de circulación del año 2004 no son lo suficientemente precisos como para ser incluidos, pero no es arriesgado señalar que los dos primeros periódicos se reparten el 60% del mercado.

Gráfico 29. Prensa: dominio del mercado

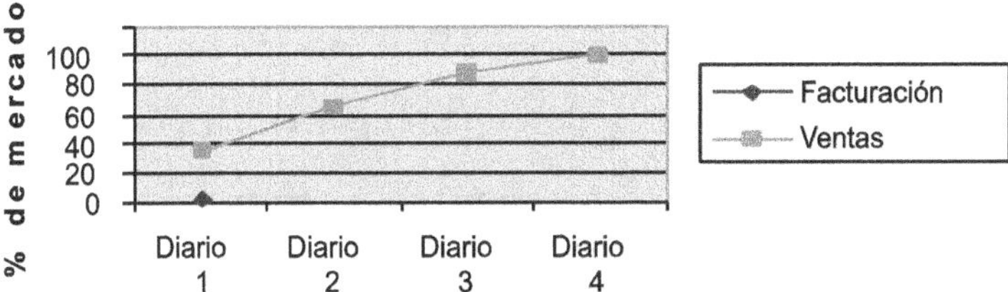

2.2. Radio

Existen en Honduras más de 500 emisoras de radio, sin embargo las primeras cuatro concentran el 54% de la facturación del sector. Las emisoras principales tienden a repetir en FM su programación de AM, lo que muestra que el mercado radial no ha alcanzado su desarrollo pleno. Por otra parte este hecho acentúa las tendencias oligopólicas al detentar muchas licencias un mismo grupo.

Como se ha señalado las principales emisoras pertenecen al grupo HRN que esta vinculado a las familias Willeda Toledo y Ferrari, que como se verá más adelante, también poseen varias emisoras de televisión. Este grupo tiene controla emisoras de radio en Tegucigalpa, San Pedro Sula, Siguatepeque, La Ceiba, Choluteca, Olanchito, Juticalpa, Santa Rosa de Copán, Comayagua, Danlí, Tela, Ocotepeque, Gracias, Puerto Cortes, Tocoa, Catacamas y Santa Bárbara. Es el grupo radial más escuchado y con mayor influencia política, conocido como "Emisoras Unidas".

Miguel Andonie Fernández es dueño de Radio América. Radio América tiene siete repetidoras en todo el país. El grupo radial de la familia Andonie, con importantes inversiones en la industria farmacéutica, se llama "Audiovideo".

Grupo	Facturación (en millones U$s)	Porcentaje de facturación	Rating	Porcentaje de audiencia
HRN	3,71	24,88%		
América	2,45	16,43%		
FM 107	1,02	6,84%		
Satélite	0,82	5,50%		
Subtotal 4 radios principales	8,00	53,65%		
Total del mercado	14,91	100,0%		100%
Razón de concentración de facturación (C_f)		0,54		
Razón de concentración de audiencia (C_a)				

Existe una marcada concentración de la facturación en el mercado de la radio. Si bien esta situación es común a varios países centroamericanos, los índices son mucho mayores a los hallados para el resto de América. Esto mercado una abismal diferencia entre las pocas radios profesionalizadas de alcance nacional que dominan el mercado, y un gran número de pequeñas radios locales cuya escala económica es cercana a lo artesanal.

Gráfico 30. Radio: dominio del mercado

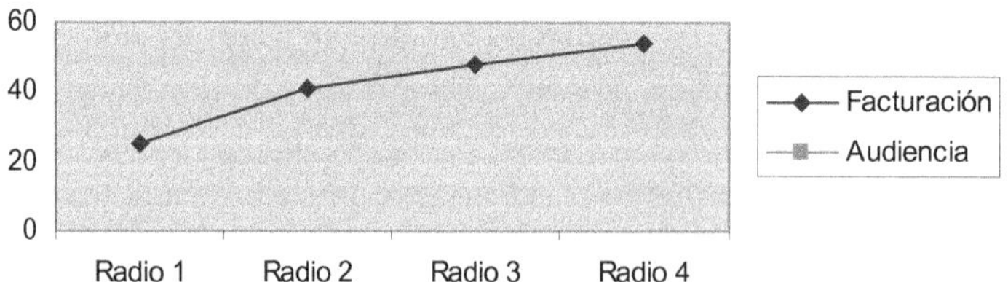

2.3. Televisión abierta

Si en el mercado radial existe diversidad en la propiedad pero concentración de los recursos económicos esta situación aparece mucho más marcada en el mercado televisivo. Especialmente porque los recursos necesarios para producir en televisión son mucho más elevados, por lo que el dominio de los grupos poderosos es más acentuado.

Sin dudas el grupo más importante es el vinculado a la familia Ferrari, que forma el denominado Grupo Televicentro. Esta corporación se formó en 1987 con el objetivo de centralizar el manejo de las tres cadenas en su poder. Las propiedades del grupo Televicentro en materia televisiva, cabe recordar que participa en radio, incluyen a Telecadena 7 y 4, conocida también como Centroamericana de Televisión, el Telesistema Hondureño que incluye los canales 3 y 7, y el canal 5.

Por su parte la familia Sikaffy controla Canal 9 en Tegucigalpa y La voz de Centroamérica en San Pedro Sula, mientras que la familia Roshental, dueños del periódico *Diario Tiempo*, participan de la licencia de Canal 11, el segundo en importancia del país

Grupo	Facturación (en millones U$s)	Porcentaje de facturación	Rating	Porcentaje de audiencia
TV 9-2 Televicentro	38,10	35,00%		
TV 11 SOTEL	23,49	21,58%		
TV 7-4 Telecadena	13,88	12,75%		
9-2 VICA	12,75	11,71%		
Subtotal 4 emisoras principales	88,22	81,03%		
Total del mercado	108,87	100,0%		100,0%
Razón de concentración de facturación (C_f)		0,81		
Razón de concentración de audiencia (C_a)				

No sólo el índice de concentración en Honduras es notablemente alto, sino que si se considera el conjunto de canales de televisión controlado por la familia Ferrari, la concentración adquiere una dimensión alarmante.

Gráfico 31. Televisión: dominio del mercado

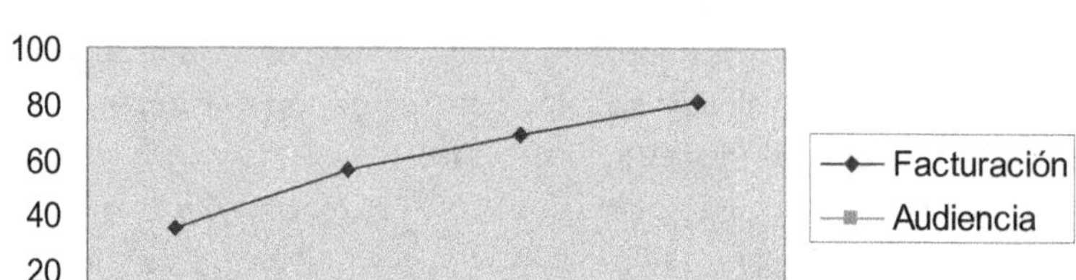

2.4. Televisión de pago (cable y satélite)

Lamentablemente no ha sido posible contar con datos certeros de la estructura del mercado del cable en Honduras. Si se destaca la presencia del Grupo Sulatel, en el que participan empresarios hondureños y norteamericanos. Entre los empresarios hondureños se destacan miembros de la familia Canahuati, sin vínculos con sus homónimos de fuerte presencia en el sector de la prensa. El grupo Sulatel ha comenzado a brindar servicios de telefonía y de Internet. También se destaca del Grupo Cable Color, vinculado a la familia Rosenthal. Más recientemente, se ha establecido una importante alianza entre el grupo internacional AMNET (Telefónica) y el Grupo Televicentro para operar en el sector del cable.

2.5. Telefonía básica

El mercado de telefonía fija tiene como principal operador a la empresa HONDUTEL, que heredó el monopolio estatal. A partir del 2003 tuvo que dar interconexión a otros suboperadores de la red, que de manera muy lenta han ganado un pequeño porcentaje del mercado. Recién para el año 2007 se calcula que esos operadores han logrado alcanzar el 33% del mercado. Cabe destacar que las familias Rosenthal y Ferrari también tienen empresas suboperadoras dentro del sector de las telecomunicaciones.

Grupo	Facturación (en millones U$s)	Porcentaje de facturación	Cantidad de abonados	Porcentaje de mercado
Hondutel			368.465	95,01%
Suboperadores				4, 99%
Subtotal 4 operadores principales		100%	387.314	100%
Total del mercado		100%	387.314	100%
Razón de concentración de facturación (C_f)		1		
Razón de concentración de audiencia (C_a)				0.93

Como se ha señalado existía en el año 2004 un virtual monopolio de la telefonía fija en Honduras. Si bien existen hoy en día más empresas suboperadoras, las mismas se hallan totalmente fragmentadas y no discuten la posición dominante de HONDUTEL.

Gráfico 32. Telefonía Básica: dominio del mercado

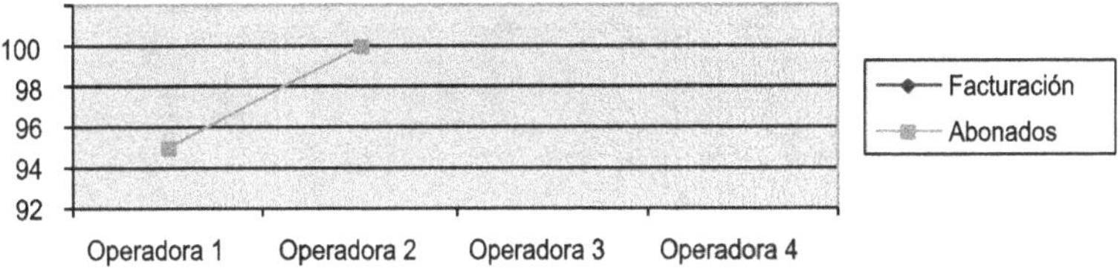

2.6. Telefonía móvil

En el rubro de la telefonía móvil son dos empresas las que se reparten el mercado: CELTEL vinculada a la multinacional Millicom y MEGATEL, vinculada a América Móvil. Como se ha visto la segunda, que recién ingresó al mercado en el 2003, tiene participación dominante en el sector de la telefonía básica. A fines del 2004, y a un año de su lanzamiento, la empresa MEGATEL había logrado acaparar 28% del mercado. En los años subsiguientes, CELTEl adoptó el nombre regional de Millicom "Tigo", y Megatel el de América Móvil "Claro".

Grupo	Facturación (en millones U$s)	Porcentaje de facturación	Cantidad de abonados	Porcentaje de mercado
Celtel (Millicom)			509.201	72 %
Megatel (América Móvil)			198.000	28 %
Subtotal 4 operadores principales		100%	707.201	100%
Total del mercado		100%	707.201	100%
Razón de concentración de facturación (C_f)				
Razón de concentración de audiencia (C_a)				1

Como en la mayoría de los países existe una fuerte concentración de la propiedad en el mercado de la telefonía digital en Honduras, constituyendo una situación de duopolio.

Gráfico 33. Telefonía móvil: dominio del mercado

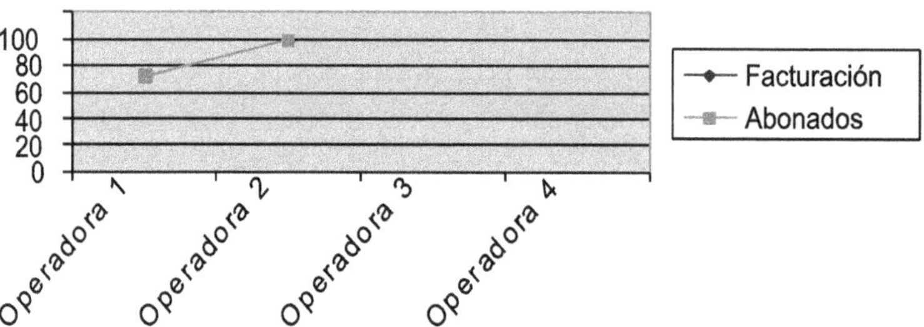

2.8. Análisis de la concentración en Honduras

Como en el resto de la región, el nivel de concentración de la propiedad del sector infocomunicacional en Honduras es muy alto. Uno de los problemas que se observa es que en tres mercados (prensa, telefonía básica y móvil) hay muy pocos operadores en cada mercado, tornando la concentración un hecho inevitable. Por otra parte, en los mercados en los que existen varios operadores (radio, televisión) muy pocos dominan partes muy sustantivas de los ingresos y las audiencias. Existe también en los mercados de las industrias culturales (prensa, radio, televisión) una importante concentración horizontal, con uno de los operadores dominando más de uno de los principales medios. Sin embargo, no se verifican fuertes casos de propiedad cruzada, es decir la presencia de un grupo que tenga influencia sobre todos los mercados de medios. Los casos más marcados de formación de multimedios tienen lugar en los mercados de radio y televisión. También la alianza de algunas familias tradicionales como los Canahuati (prensa) y los Sikkaffi (medios electrónicos) da cuenta de la tendencia hacia la búsqueda de posiciones más fuertes frente a la posible penetración del capital extranjero. En este sentido, Honduras se ha destacado por presentar (con excepción de Costa Rica) baja influencia de los dos grandes operadores de telefonía de América Latina: América Móvil y Telefónica. Sin embargo la profundización del proceso de apertura del mercado de telecomunicaciones iniciado tardíamente en el país, puede derivar en una mayor presencia de estos grupos, especialmente de América Móvil que ya se ha instalado.

Gráfico 34. Honduras: dominio del mercado del primer operador

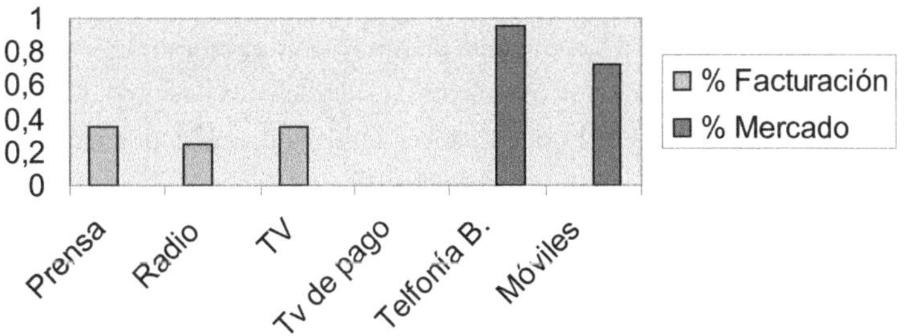

Al analizar el dominio del primer operador de cada mercado, se puede apreciar que en todos los caso al menos 25% del mismo queda a su cargo. La radio presenta el nivel más bajo, seguida de la prensa y la televisión. De todas formas los guarismos son muy altos por tratarse de empresas informativas. En el mercado telefónico el dominio de mercado y la telefonía, las altas cifras colocan a estos mercados en una situación muy cercana al monopolio. De todas formas, es cierto que entre 2004 y 2008 los índices de concentración hayan disminuido un poco al entrar nuevos operadores en el mercado. De todas formas, el proceso ha sido lento, lo que facilita que se hayan generado posiciones dominantes privadas, difíciles de ser discutidas en el futuro.

Si se considera el peso de los cuatro primeros operadores en el mercado, la situación es realmente grave. Puede decirse que los mercados info-comunicacionales hondureños se reparten entre dos operadores. Si bien en algunos sectores pueden existir más jugadores, su capacidad económica es muy reducida y mucho más lo es su posibilidad de generar una corriente alternativa. No es arriesgado señalar que existe en Honduras un virtual duopolio en cada uno de los mercados info-comunicacionales.

Gráfico 35 Página 250

3. Los grupos de comunicación

No resulta sencillo estudiar los grupos de comunicación en Honduras. Si bien a primera vista Honduras parece brindar un panorama bastante similar al de la mayoría de los países latinoamericanos, con un par de grupos en telefonía, y un par de grupos controlando una parte significativa de las industrias culturales, no existe una corporación que esté presente en todos los mercados. Seguramente el proceso de incorporación de tecnologías digitales a la radiodifusión promoverá una mayor integración de los mercados de radio, tv abierta y por cable con los de telefonía e Internet. Resta ver entonces, si las posiciones dominantes serán alcanzadas por capitales nacionales o extranjeros, o por una alianza de ambos.

Seguramente los grupos más importantes del sector info-comunicacional de acuerdo a su nivel de facturación son las empresas telefónicas. Como no ha sido posible obtener datos ciertos de sus niveles de ingresos, no es fácil discriminar si el primer lugar corresponde a Hondutel o a Celtel.

Tampoco es sencillo elegir un grupo destacado entre las principales corporaciones de medios. Si consideramos los ingresos generados por el grupo, el más importante es el Grupo Ferrari que domina la mayor parte del principal mercado, la televisión. Otro grupo importante es el de la Familia Canahuti, pero como no ha sido posible acceder a los volúmenes de facturación del cable, optamos por analizar a la familia Ferrari y el grupo Televicentro.

3.1. Grupo Televicentro

El grupo Televicentro fue creado en 1987 para reunir las empresas de televisión propiedad de la familia Ferrari. Ella cuenta con tres cadenas de televisión (Canal 5, Canales 3 y 7, Telecadena 7 y 4) y repetidoras en San Pedro Sula, Tela, La cumbre, Bañaderos, Santa Rosa de Copán, Santa Cruz de Yojoa, Choluteca, Comayagua y más ciudades. De acuerdo a la propia empresa cubre mediante red de microondas el litoral atlántico, la zona oriental y la zona occidental de país.

La que sería la primera propiedad de grupo en materia televisiva, Canal 5, fue lanzada en 1959, cuyo capital inicial se constituyó con un 55% en manos de los señores Lardizabal y Brooks, 30% la ABC y 15% los señores Zelaya y Sempé. Mientras tanto la familia Ferrari ya contaba con el permiso para instalar los canales 3 y 7. Durante el transcurso del año de 1963 la Compañía Televisora Hondureña, S.A., pasa a manos de la familia Ferrari Villeda.

La Telecadena 7 y 4, también conocida como Centroamericana de Televisión, fue fundada por una Sociedad Anónima presidida por el Lic. Rafael Ferrari, el 29 de julio de 1985.

El Telesistema Hondureño, que agrupa a los canales 3 en Tegucigalpa y 7 en San Pedro Sula, fue fundado por el Sr. Manuel Villeda Toledo en agosto de 1967.

Desde 1933, la familia Ferrari había incursionado en el manejo de la radio, a través de la muy popular HRN.

Estructura Televicentro

Grupos	Televisión				Internet	
	Empresas.	Audiencia	Cías.	Abonos	Cías.	Abonos
Televicentro	Canal 5 Telecadena 7 y 4 Canales 3 y 7		HRN			

Integración vertical de empresas del Grupo Televicentro

Actividad	Televisión	TV Satélite	Radio	Prensa Diaria	Internet
Materiales / Infraestructura					
Contenidos/ Servicios	Canales de TV		HRN		
Difusión / Distribución	Canales de TV		HRN		

Estrategia

Punto de vista (se especifican las variables posibles entre paréntesis)	Grupo C&W
Ámbito Territorial (transnacional o nacional)	Nacional
Grado de Integración (vertical u horizontal)	Horizontal y vertical
Modo de Crecimiento (externo, interno o mixto)	Mixto
Origen del capital (comunicación o extra-comunicación)	Comunicacional

Nicaragua

La historia contemporánea de Nicaragua puede dividirse en tres etapas claramente diferenciadas: el largo período dictatorial encabezado por miembros de la familia Somoza (1936-1979), el gobierno revolucionario del Frente Sandinista de Liberación Nacional (1979-1990), y la sucesión de gobiernos surgidos a partir de elecciones (1990-2008). Si consideramos que en 1926 se funda el principal diario del país, *La Prensa*, no es osado indicar que la historia de los medios de comunicación va a estar fuertemente influenciada por estas tres etapas. Por otra parte, diversos estudios comparten la idea que existe una fuerte imbricación entre la historia política reciente del país y la historia de sus medios de comunicación, existiendo en cada una de las etapas una relación distinta entre los medios de comunicación y el poder político. Sin dudas, los medios de comunicación han participado activamente de la vida política nicaragüense, manteniendo un importante alineamiento con sectores políticos y económicos específicos, aunque en los últimos años se advierte que dichos alineamientos tienden a ser un poco menos intensos.

Para comprender mejor el funcionamiento de los medios en Nicaragua es preciso conocer algunas de sus características sociodemográficas. Si bien es el país más extenso de la región centroamericana, también es el menos densamente poblado. La economía del país ha sufrido de una sucesión de malas administraciones y cambios de orientación estructural que ha tenido como consecuencia que el país se ubique entre los más pobres del continente, siendo su PBI per cápita el segundo más bajo luego de Haití. Sin embargo, desde comienzos del Siglo XXI se verifica un constante crecimiento de la economía del país, basada tradicionalmente en la exportación de materias primas. En general la estructura económica quedo determinada por los intereses de un reducido grupo de familias que controlaron la propiedad de la tierra y el comercio de las materias primas, mientras que la mayoría de la población vive en condiciones de extrema pobreza, con condiciones laborales muy malas. Otro elemento a tener en cuenta es que todavía el país mantiene casi un cuarto de su población en condiciones de analfabetismo. La lengua principal es el español, pero también hay franjas de la población, principalmente en la costa atlántica, que hablan inglés o lenguas indígenas como el miskito. Finalmente, es importante destacar que Nicaragua cuenta con una importante población rural.

Del análisis de estos datos sociodemográficos se desprende que las condiciones para la existencia de una industria cultural fuerte no son las mejores. Con una población no muy numerosa, dispersa y con bajo nivel adquisitivo, no resulta fácil alcanzar las economías de escala necesarias para mantener muchos medios de comunicación independientes. Esto puede constituir uno de los factores que expliquen la fuerte relación y de los medios del sistema político. Sin embargo, y aún dentro de los límites impuestos por la coyuntura económica, el periodista y estudioso del sistema de medios nicaragüense Carlos F. Chamorro destaca que la estructura de medios en Nicaragua presenta mayores niveles de diversidad y competencia que en la mayoría de los países vecinos.

Chamorro señala que "la evolución del sistema de medios de comunicación en Nicaragua en los últimos quince años, ha estado marcada por el impacto complementario de dos procesos:

1. La apertura política iniciada después de las elecciones de 1990. En materia de medios, se eliminó el monopolio estatal de la televisión y se promovió desde el estado una política de tolerancia y libertad de expresión. La resultante política es un sistema de medios de comunicación dinámico y competitivo, con un alto grado de autonomía frente al estado y los partidos políticos.

2. El crecimiento y desarrollo de una economía de mercado, derivado de la transición política. Este facilitó la creación de nuevas empresas, sobre todo en el ámbito de televisión y radio. En este ámbito, la modernización tecnológica ha sido favorecido por la introducción de nuevas tecnologías, que abaratan los costos de inversión."[1]

---

[1] Chamorro, Carlos, *Los medios de comunicación en Nicaragua. Una introducción al sistema de medios y sus relaciones con el poder público y privado*, Managua, Octubre 2005.

En términos generales hay que señalar que casi no existía en el año 2004 participación del Estado en la propiedad de los medios de comunicación salvo un canal de televisión con muy pocas emisiones y casi nulo nivel de audiencias. Por otra parte es preciso indicar que la radio y la televisión constituyen los medios con mayor nivel de consumo entre la población. Si bien la prensa sólo tiene niveles aceptables de distribución en las zonas urbanas, los analistas coinciden en indicar que su influencia política, especialmente por su capacidad de fijar la agenda cotidiana de temas a tratar, es muy superior a sus indicadores de consumo.

Estructura del mercado cultural

Lamentablemente no ha sido posible obtener información en Nicaragua sobre las industrias del libro, el disco y el cine. Solo en el caso del cine, se aprecia que la venta anual de entradas apenas supera el millón, con un promedio de 0,23 entradas por habitante. De esta forma, menos de uno de cada cuatro nicaragüenses va una vez al año al cine. También la producción de películas es muy baja.

Prensa diaria

La prensa es un sector tradicional en la estructura de medios nicargüense, cuyos vaivenes han estado marcados por las tres etapas indicadas en el inicio. Durante la dictadura somocista, el Diario *La Prensa* tuvo un rol protagónico muy destacado como opositor al régimen. De acuerdo a Rockwell y Janus (2002), dicha intervención estuvo marcada por el diferente sesgo político de su director Pedro Chamorro, vinculado al Partido Conservador, que enfrentó a los Somoza, del Partido Liberal. Durante el período sandinista, se destaca el lugar ocupado por el diario vinculado al gobierno *Barricada*, que no va a poder mantener su lugar, y cerrará años después del fin de la primera experiencia en el gobierno de Ortega. Finalmente a partir de los 90 se consolida el modelo actual, con dos diarios disputándose el liderazgo de ventas (*La Prensa* y *El Nuevo Diario*) y otro de corte populista, *Hoy* con mucha menor circulación. El cuarto diario, *Bolsa de noticias*, de carácter económico ve limitada su participación por el sesgo de su información.

El sector de la prensa consigue un porcentaje significativo del mercado publicitario, y su importancia económica es bastante superior a lo que cabría esperar por lo índices de lectura, que son bastante bajos si se comparan con el conjunto de América Latina.

Prensa escrita (diarios)		Año	Fuente
Cantidad de ejemplares vendidos anualmente (parcial)	34.920.000	2004	Nuestros datos
Cantidad de ejemplares vendidos cada mil habitantes (año)	6.791	2004	
Cantidad total de títulos de prensa diaria	4	2004	
Volumen de facturación (U$S)			
Volumen de facturación por inversión publicitaria (U$S)	20.925.000	2004	
Porcentaje de títulos de circulación nacional sobre el total	90%	2004	
Cantidad de gente empleada en el sector	1.200	2004	

Radio

La principal característica de la radio es su presencia en prácticamente todo el territorio nicaragüense, con un 94% de cobertura. También es el medio que más atiende la diversidad lingüística del país ya que hay emisoras que trasmiten para los diversos idiomas hablados en la costa atlántica. Sin embargo, su capacidad económica es limitada. La mayoría de las radios sobreviven con muy pocos recursos al año, de forma casi artesanal. Es el sector que más gente emplea, aún cuando su retribución se ubica entre las más modestas. En los últimos años se asiste al crecimiento de la importancia de la FM en detrimento de la AM. Finalmente hay que destacar que el conjunto de los estudiosos de medios, indican que en la radio es donde se pueden apreciar mejor representadas las opiniones de los sectores políticos vinculados al sandinismo y la izquierda en general.

Radio		Año	Fuente
Cantidad total de aparatos receptores de radio			
Aparatos receptores cada mil habitantes			
Cantidad total de emisoras de radio	213	2004	Telcor
Porcentaje de emisoras de alcance nacional	Sin datos		
Volumen de facturación (dólares USA)	9.714.200	2004	Media Gurú
Volumen de facturación por inversión publicitaria (U$S)	9.714.200	2004	Media Gurú
Cantidad de gente empleada en el sector (junto a TV)	1.704	2004	

1.6. Televisión

La televisión nació en Nicaragua en 1955 en el ámbito del Estado, y recién en 1962 fueron autorizados canales comerciales de propiedad privada. El régimen somocista otorgó las licencias a grupos afines políticamente con el objetivo de balancear la influencia ejercida por *La Prensa*. Durante la etapa sandinista cobró protagonismo el canal estatal. Desde 1990, varios canales compiten por la audiencia, pero muy pocos logran acaparar niveles significativos de atención y especialmente de anunciantes. Es el sector más poderoso económicamente. Se calcula que su penetración llega al 70% del territorio.

En relación a los contenidos se observa una importante influencia de la televisión mexicana, especialmente a partir de la incorporación del empresario mexicano Ángel González a varias emisoras nicaragüenses.

Televisión Abierta		Año	Fuente
Cantidad total de aparatos receptores de televisión	699.713	2004	Censo
Cantidad de aparatos receptores cada mil habitantes	136		
Cantidad total de emisoras de televisión	13	2004	Telcor
Porcentaje de emisoras de alcance nacional	0	2000	
Porcentaje de programac. nacional sobre total	Sin datos		
Volumen de facturación (U$S)	40.742,3	2004	Media Gurú
Volumen de facturación por inversión publicitaria (U$S)	40.742,3	2004	Media Gurú
Cantidad de gente empleada en el sector (junto a radio)	1.300	2004	

1.7. Televisión de pago

La televisión de pago tiene un bajísimo nivel de penetración. Doce de cada mil nicaragüenses tiene acceso a este servicio que se presenta como excluyente para el 70% de la población que vive en condiciones de pobreza. De todas formas, el cobro de los abonos le permite al sector generar más recursos que los que dispone la radio. Claro que también los costos de contratación de la programación son más elevados. En los últimos años el sector del cable ha salido a vender publicidad, sin que hasta ahora haya obtenido resultados significativos.

Televisión de pago		Año	Fuente
Cantidad total de abonados al sistema de tv por cable	60.000	2004	Confi-dencial
Cantidad total de abonados al sistema de tv vía satélite	Sin datos		
Cantidad total de operadores de señales de cable	65	2004	Confi-dencial
Cantidad total de operadores de señales satelitales	1	2004	Telcor
Porcentaje de señales nacionales (cable)	13%	2004	
Porcentaje de señales nacionales (satélite)			
Volumen de facturación	10.800.000	2004	Datos propios
Volumen de facturación por inversión publicitaria			.
Cantidad de gente empleada en el sector	700		

1.8. Telefonía básica

La telefonía básica ha experimentado un fenómeno muy común en los países de escasos recursos económicos. No habiendo tenido un desarrollo importante antes de 1990, fue rápidamente superada por el desarrollo de la telefonía móvil. Dado que requiere de inversiones muy altas para sostener costos fijos, el teléfono pasa a ser casi un artículo suntuario. Con 41 líneas cada mil habitantes, Nicaragua registra uno de los índices más bajos de penetración telefónica a nivel mundial. Durante el año 2006, y fuera del alcance del presente estudio, se autorizó la presencia de un segundo operador.

Telefonía Básica		Año	Fuente
Cantidad Total de líneas de telefonía básica	214.400	2004	Telcor
Cantidad de líneas de telefonía básica cada mil habitantes	41		
Cantidad total de operadores de telefonía básica	1	2004	Telcor
Volumen de facturación (U$S)			
Cantidad de gente empleada en el sector			

1.9. Telefonía móvil

Existen en Nicaragua poco más de un celular cada 5 habitantes. La cifra es muy superior a la de la telefonía móvil aún cuando es baja en relación al panorama regional. Lamentablemente no ha sido posible obtener datos desagregados de telefonía móvil y fija de la facturación de la principal empresa del sector del país, lo cual dificulta una correcta evaluación. La competencia entre las tres empresas que prestan el servicio recién se habilitó en el año 2002.

Telefonía móvil		Año	Fuente
Cantidad Total de líneas de telefonía móvil	1.119.000	2005	Telcor
Cantidad de líneas de telefonía móvil cada mil habitantes	218		
Cantidad total de operadores de telefonía móvil	3	2004	Telcor
Volumen de facturación (U$S) Estimado			
Cantidad de gente empleada en el sector			

1.10. Internet

El acceso a Internet en Nicaragua es muy bajo. Incluso las estadísticas que presenta el Ente Regulador de las Telecomunicaciones (TELCOR) marcan que el crecimiento progresivo del servicio es muy lento año a año.

Internet		Año	Fuente
Cantidad total de computadoras cada mil habitantes	16	2002	Asdi
Cantidad de conexiones a Internet cada mil habitantes	3	2004	Telcor
Cantidad total de proveedores de conexión a Internet	19	2004	
Cantidad Total de usuarios de Internet	140.000	2004	World Fact Book

1.11. Estructura del mercado publicitario

El mercado publicitario en Nicaragua es muy pequeño. Durante el 2004, de acuerdo a las cifras proporcionadas por la Consultora Media Gurú, apenas superó los setenta y uno millones de dólares. La televisión es el medio que acapara la mayor parte de estos recursos con un 57%. La edición de periódicos absorbe un 29%, mientras que la radio se debe contentar con un 14%. Cabe destacar que dentro del conjunto de la inversión publicitaria tiene alto impacto el gasto realizado por el Estado Nicaragüense que llega a cifras cercanas al 10% anual.

Gráfico 36. Reparto del mercado publicitario

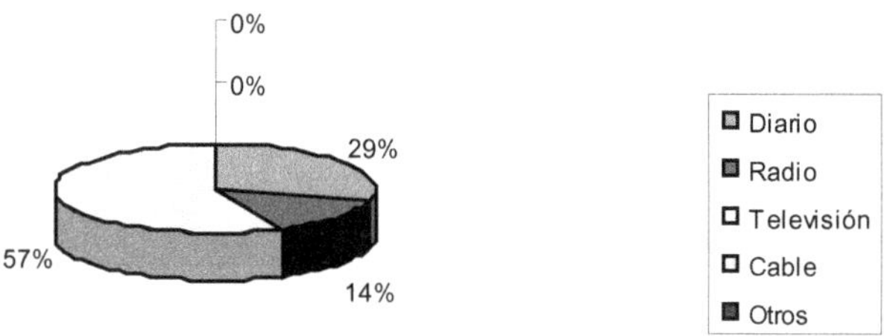

1.12. Análisis de la estructura de mercado

En términos generales puede apreciarse que la industria cultural nicaragüense tiene serias dificultades para desarrollarse debido al pequeño tamaño de su mercado y, especialmente, a la presencia de grandes bolsones de pobreza, que impiden a la mayoría de los habitantes del país acceder a muchos bienes y servicios culturales. De esta forma, aquellas industrias culturales que implican un pago por consumo, como el cine, el disco, los libros, el cable e incluso la prensa diaria presentan niveles de acceso muy bajos. Sin dudas sólo la radio y la televisión abierta resultan accesibles a públicos masivos.

Nicaragua	Facturación (millones de dólares U$A)	Ejemplares vendidos/ conexiones	Cada 1000 hab	Emplea-dos	Opera-dores
Libro	s/d				
Disco	s/d				
Cine	s/d	1.200.000	233		
Prensa (pub.)	$ 20,93	34.920.000	6.791	1.200	3
Radio (pub.)	$ 9,71			1.704	213
TV (publicidad)	$ 40,74	699.713	136	1.300	13
TV de pago	$ 10,80	60.000	12	700	1
Telefonía Básica	$ 104,41	214.400	42		1
Telefonía Móvil		1.119.000	218	0	3
Internet		140.000	27		
Subtotal IC	$ 82,18				
Total	$ 186,59	38.353.113		4.904	

Las industrias culturales nicaragüenses tienen una incidencia menor al 2% del PBI, de acuerdo a los datos relevados. Si se considera que no ha sido posible obtener los datos de facturación de las industrias del libro, el disco, y del cine, así como los resultados económicos derivados de la venta de periódicos, no es osado indicar que dicho registro se debe encontrar cerca del 2,5%. Dentro de las industrias culturales se destacan la industria televisiva y la prensa escrita, seguidas por la televisión de pago. La envergadura económica del sector telefónico es muy superior a la de las industrias culturales. Sólo la facturación de la empresa Enitel, incluso sin considerar la facturación de sus dos competidoras en telefonía móvil, supera al conjunto de la facturación de los sectores antes mencionados. En términos generales la participación de las industrias culturales y los servicios de telecomunicación en el PBI del país es similar al de otros países de la región

PBI	$ 4.496,40
PBI per cápita	$ 799,00
% IC en PBI	1,83%
% Soc Info en PBI	4,15%
Población	5.142.098

Gráfico 37. Facturación Nicaragua

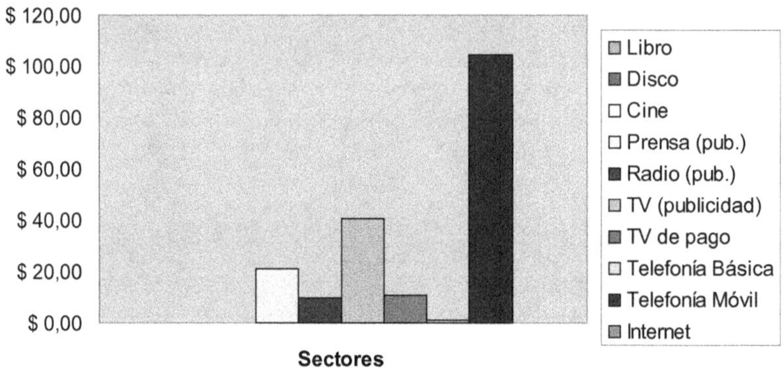

2. Concentración de la propiedad

De acuerdo al periodista e investigador Carlos Chamorro en los últimos años, y en comparación con el resto de Centroamérica, en el modelo de medios nicaragüense existe una relativa competencia y dinamismo. Desde nuestra perspectiva, si bien las consideraciones de Chamorro son atendibles, se basan en su comparación de un conjunto de países con altos índices de concentración. Una vez más hay que señalar que la combinación de altas tasas de pobreza junto a un tamaño de mercado de reducidas dimensiones tiene como efecto presentar serias dificultades para el funcionamiento pleno de un mercado de medios altamente diverso. En el caso nicaragüense son muy pocos los mercados info-comunicacionales que permiten la existencia de un número de operadores superior a cinco, y cuando analicemos cuáles son verdaderamente significativos se apreciará que esa suma todavía es mucho menor.

En lo que coinciden tanto los autores (Chamorro, Rockwell y Janus) como las organizaciones de la sociedad civil (Trasnsparency, Probidad, etc.) es que existe un estrecho vínculo entre los medios de comunicación y los grupos que detentan el poder económico y el poder político. De esta forma puede presentarse cierta competencia entre los medios pertenecientes a los diferentes grupos que conforman la elite nicaragüense. Pero importantes sectores sociales quedan marginados de la agenda cotidiana de los medios.

Otro elemento para destacar es la carencia de una producción sustantiva de ficción (cine y televisión) lo que torna al país en altamente dependiente de la producción extranjera, dificultando aún más la representación de los sectores populares

2.1. Prensa escrita

Dentro de la prensa escrita se verifica una competencia palmo a palmo entre el diario decano *La Prensa* y *El Nuevo Diario*, surgido este último con posterioridad a la etapa sandinista. Si bien los niveles de venta son muy similares, se aprecia que *La Prensa* detenta una clara condición de líder por la venta de anuncios, lo que da una posición superior en materia económica. Dicha superioridad es definitiva si se considera que el tercer periódico *Hoy*, es propiedad de la familia Chamorro también dueña de *La Prensa*. Existen otras publicaciones menores en Nicaragua que no entran dentro de la categoría diario.

De acuerdo a Carlos Chamorro, al menos los dos grandes diarios del país presentan posiciones ideológicas diferentes, lo que deja un margen de optimismo en relación a la necesidad de contar con una prensa plural.

Grupo	Facturación (en millones U$s)	Porcentaje de facturación	Ejemplares vendidos	Porcentaje de circulación
La Prensa	13,014	62,3%	40.000	41,2%
El Nuevo Diario	6,474	31,0%	40.000	41,2%
Bolsa de Noticias	0,718	3,4%	2.000	2,1%
Hoy	0,697	3,3%	15.000	15,5%
Subtotal 4 diarios principales	20,905	100%		
Total del mercado	20,905	100%		100%
Razón de concentración de facturación (C_f)		1		
Razón de concentración de audiencia (C_a)				1

Gráfico 38. Prensa: dominio del mercado

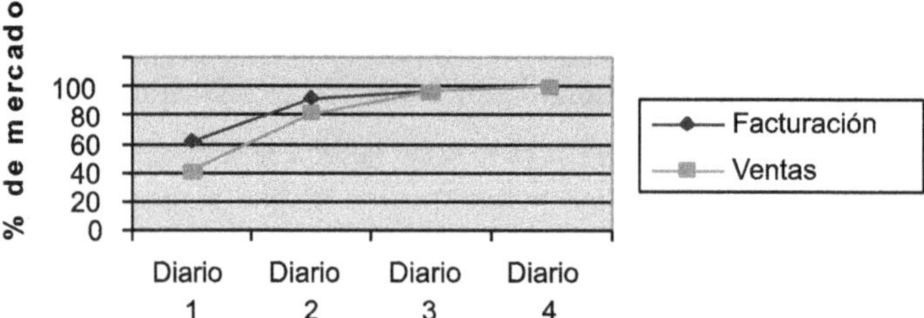

2.2. Radio

Como en casi todos los países del mundo, el mercado de la radio está mucho más fragmentado. Hay numerosas empresas diseminadas por todo el país. De acuerdo a los datos de Telcor, en el año 2004 Nicaragua contaba con 51 estaciones de radio en la banda AM y 162 en la banda FM.

De todas formas se aprecia que las cuatro primeras operadoras acaparan un porcentaje bastante elevado de la publicidad, dejando para el resto de las emisoras, niveles muy bajos de facturación. En esta investigación se ha tenido en cuenta sólo la propiedad de las estaciones, pero si se considera que muchas emisoras repiten los contenidos de las principales emisoras Managua, el índice de concentración es aún mayor en términos de los contenidos emitidos.

Grupo	Facturación (en millones U$s)	Porcentaje de facturación	Rating	Porcentaje de audiencia
Nueva Radio Ya	1,790	18,42%		
Radio Tigre	1,128	11,61%		
Radio Romántica	0,883	9,08%		
Radio Corporación	0,801	1,71%		
Subtotal 4 radios principales	4,602	47,36%		
Total del mercado	9,714	100%		
Razón de concentración de facturación (C_f)		47,37		
Razón de concentración de audiencia (C_a)				

Gráfico 39. Radio: dominio del mercado

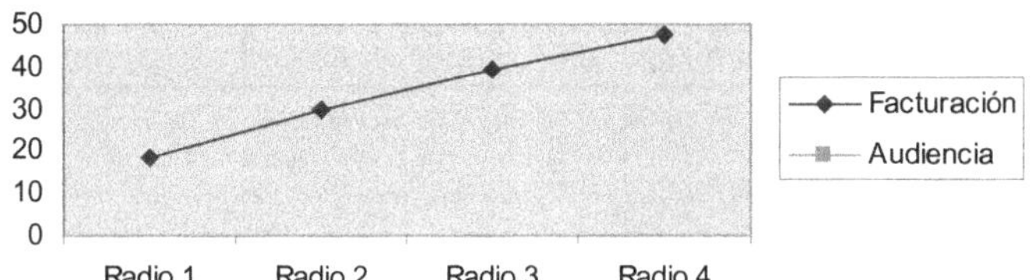

2.3. Televisión abierta

En televisión abierta hay cinco canales en la VHF, y otros 8 en UHF. Estos últimos tienen bajísimos niveles de audiencia. En el mercado televisivo, se destaca claramente el Canal 2. Si bien las fuentes consultadas difieren mucho en cuanto a su nivel de audiencia (del 50 al 75%) no hay dudas que es el principal canal del país, pertenece desde su creación en 1962 a la familia Sacasa. La familia Sacasa recobró el Canal 2 a mediados de los noventa, pues al triunfo de la revolución sandinista sus miembros se exiliaron en Miami. A partir del 2006, el Canal 2 ha tenido más dificultades para mantener el liderazgo.

También se destaca la presencia del magnate mexicano Ángel González que adquirió los canales 10 y 12. Pero también es socio de la familia Ortega Murillo (del actual presidente Daniel Ortega) en el Canal 4, que antiguamente había estado en poder de los sandinistas. Con sus canales González domina un porcentaje significativo de la audiencia. A la quinta cadena, Telenica 8 de Carlos Briceño, se le adjudica menos del 10% de la audiencia.

De esta forma, bajo un manto de aparente competencia con 13 operadores, se aprecia que existe una fuerte concentración de la propiedad con el claro predominio de la familia Sacasa y el empresario Ángel González

Grupo	Facturación (en millones U$s)	Porcentaje de facturación	Rating	Porcentaje de audiência[1]
Canal 2	18,828	46,21%		
Canal 12	7,341	18,10%		
Canal 10	5,863	14.39%		
Canal 8	4,537	11,13%		
Subtotal 4 emisoras principales	36,569	89,80%		
Total del mercado	40,742	100%		100%
Razón de concentración de facturación (C_f)		0,90		
Razón de concentración de audiencia (C_a)				

[1] Audiencia Nacional de las redes de 7 a 24 hs. De lunes a domingo.

Gráfico 40. Televisión: dominio del mercado

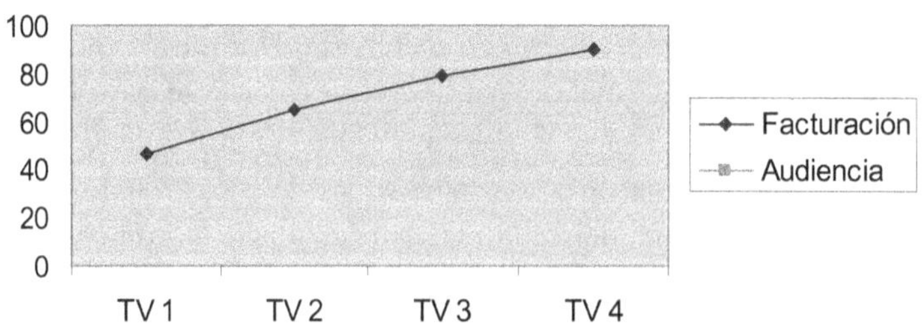

2.4. Televisión de pago (cable y satélite)

Si bien el Ente regulador de las telecomunicaciones, Telcor, menciona la existencia de 65 licencias para brindar televisión de pago en Nicaragua, las mismas están vinculadas de una u otra manera a la empresa Estesa, que de esta forma domina el mercado en forma monopólica. Además esta empresa tiene una señal de cable, el Canal 11, que procura competir con los canales abiertos. También existes cuatro canales de noticias e informativos compitiendo en el sector del cable. Como se ha señalad, es un sector que tiene muy baja penetración en la población y presenta altos índices de concentración.

Grupo	Facturación (en millones U$s)	Porcentaje de facturación	Cantidad de abonados	Porcentaje de mercado
Estesa	10,8	100%	60.000	100%
Subtotal 4 operadores principales	10,8	100%	60.000	100%
Total del mercado	10,8	100%	60.000	100%
Razón de concentración de facturación (C_f)		1		
Razón de concentración de audiencia (C_a)				1

2.5. Telefonía básica

La telefonía fija fue durante muchos años un monopolio estatal. Recién en el año 2001 pasó a ser un monopolio privado. Como se ha visto en la primera parte, el desarrollo de este mercado es muy bajo. Luego de varias modificaciones en su composición accionaria a partir del año 2004 pasó a formar parte del grupo de empresas del magnate mexicano Carlos Slim. En el transcurso del año 2006 se otorgó una licencia para que su principal competencia, Movistar, inicie servicios de telefonía básica.

Grupo	Facturación (en millones U$s)	Porcentaje de facturación	Cantidad de abonados	Porcentaje de mercado
Enitel	106,47	100%	214.400	100%
Subtotal 4 operadores principales	106,47	100%	214.400	100%
Total del mercado	106,47	100%	214.400	100%
Razón de concentración de facturación (C_f)		1		
Razón de concentración de audiencia (C_a)				1

2.6. Telefonía móvil

Tres empresas se repartían en el año 2004 el sector de la telefonía móvil en Nicaragua, que constituye el núcleo dinámico del sector info-comunicacional, y el que se destaca por su nivel de facturación. En este sector compiten las dos grandes empresas de telefonía celular de América Latina, Movistar de Telefónica y América Móvil de Carlos Slim, reproduciendo su clásica disputa de mercados. Cabe consignar que la paridad en el reparto del mercado que se apreciaba en el 2004 fue quebrada durante el año 2006, cuando Enitel absorbió Sercom, pasando a dominar ampliamente el mercado de la telefonía móvil. De esta manera el mercado telefónico en Nicaragua se convirtió en un virtual duopolio.

Grupo	Facturación (en millones U$s)	Porcentaje de facturación	Cantidad de abonados	Porcentaje de mercado
TCN Movistar			455.210	40,68%
Enitel	106,47		341.290	30,50%
Sercom			322.490	28,82%
Subtotal 4 operadores principales	106,47	100%	1.119.000	100%
Total del mercado	106,47	100%	1.119.000	100%
Razón de concentración de facturación (C_f)		1		
Razón de concentración de audiencia (C_a)				1

2.8. Análisis de la concentración en Nicaragua

Existe un alto grado de concentración de la propiedad del los medios de comunicación en Nicaragua. Al analizar los sectores se observa que las industrias culturales (prensa, radio, televisión abierta), admiten mayores niveles de diversidad que el sector de las telecomunicaciones. El sector del cable transmite contenidos, pero aparece fuertemente concentrado al igual que las telecomunicaciones.

Del análisis del porcentaje de mercado que detenta el operador más importante, se desprenden situaciones de monopolio en el mercado de la televisión por cable y en telefonía básica. La concentración es también muy alta en los mercados de prensa, televisión abierta y telefonía móvil, con dominio de mercado superior al 40% para un solo operador.

Gráfico 41. Nicaragua: dominio del mercado del primer operador

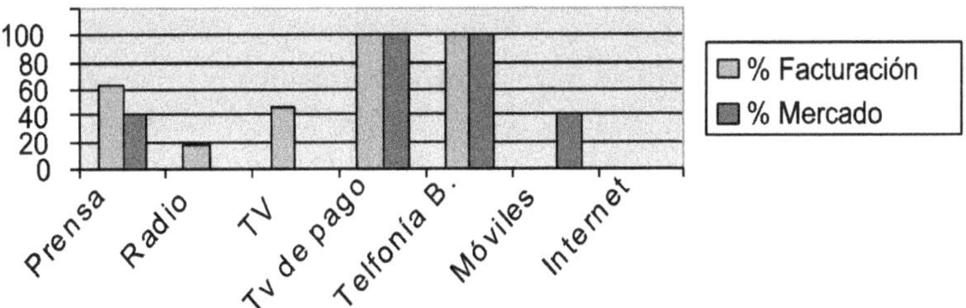

Al estudiar el coeficiente de concentración que alcanzan los cuatro primeros operadores, vemos que en cuatro de los seis mercados alcanza 1, el mayor indicador posible. Nuevamente sólo la radio parece permitir algún nivel de diversidad razonable.

Gráfico 42. Nicaragua: coeficiente de concentración

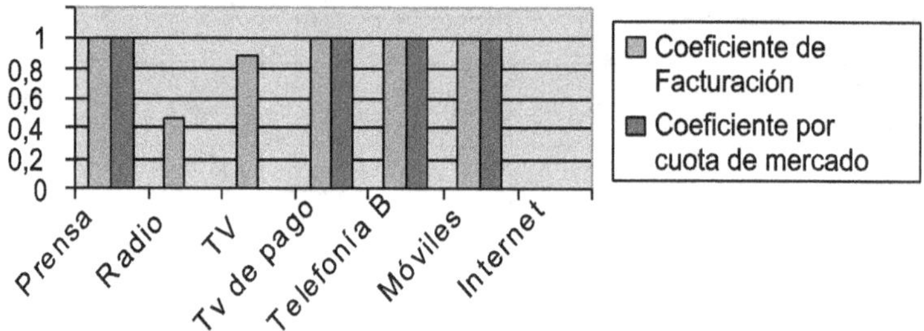

3. Los grupos de comunicación

Para estudiar los grupos de comunicación en Nicaragua es preciso distinguir claramente entre el sector de las telecomunicaciones y el de las industrias culturales. Sólo entre las empresas de telecomunicaciones presentan las características de los grandes grupos, con presencia en varios mercados. Otra característica del sector de las telecomunicaciones es la fuerte presencia del capital extranjero. Mientras que Enitel es parte de América Móvil del mexicano Carlos Slim, TCN Movistar forma parte del grupo Telefónica de España. A modo de ejemplo el grupo que se describe al final del presente capitulo es el Grupo Enitel.

No parecen existir grandes grupos de comunicación en Nicaragua. En términos generales puede señalarse que las principales familias del país se han repartido el dominio de un sector de los medios de comunicación. De esta manera, la familia Chamorro mantiene desde hace décadas el predominio en el sector de la prensa. Mientras que los Sacasa dominan el medio televisivo. En este sector hay que considerar la participación del capital extranjero a través de Ángel González. También hay que destacar que desde el año 2006, los hijos del presidente Daniel Ortega y de su esposa Rosario Murillo, detentan el control de Canal 4 y La Nueva Radio Ya, una de las favoritas en audiencia.

Posiblemente el principal "grupo" de comunicación en Nicaragua sea el Grupo Estesa, que presenta un virtual monopolio en el sector de la distribución por cable, y produce contenidos para televisión en su señal canal 11. Su estructura de grupo no está tan determinada por la cantidad de medios de comunicación sino por su muy importante presencia en las principales actividades económicas nicaragüenses. Vinculado al Grupo Pellas, primer grupo económico del país, cuentan con el ingenio San Antonio, Frutales del San Juan, Casa Pellas, Compañía Licorera de Nicaragua, Cem Comunicaciones, Estesa, Cablenet, el Hospital Metropolitano Vivian Pellas y acciones en Unión Fenosa. También incursionan en la producción de etanol como biocombustible. También detentan el control de la Compañía Cervecera de Nicaragua, la Nicaragua Sugar States, GBM y E. Chamorro Industrial. Tienen el banco de America Central, almacén de depósitos. Son accionistas minoritarios ahora en el BAC. Desarrollaron la tarjeta de crédito Credomatic, la más importante del país. Son productores del Ron Flor de Caña y de las cervezas victoria y toña.

3.1. Grupo Enitel

Estructura Grupo Enitel

Grupos	Telefonía Básica		Telefonía Móvil		Internet	
	Empresas.	Abonados	Cías.	Abonos	Cías.	Abonos
Enitel	Enitel	214.148	Enitel		Enitel	

Como ha sido señalado, el grupo Enitel tiene fuerte presencia en tres mercados: telefonía básica, telefonía celular e Internet. Supera ampliamente a su competidora TCN Movistar tanto en telefonía básica, donde gozó del monopolio hasta el año 2006, como en telefonía celular donde controla en 2007, cerca del 70% del mercado.

Por ahora estos grupos (tanto Enitel como Movistar) no han incursionado en la propiedad de los medios. De todas formas, su influencia no es menor porque se ubican entre los principales anunciantes. Pero además, ante un escenario convergente de los medios de comunicación y las telecomunicaciones, su enorme disponibilidad de capital, que torna a las empresas de medios de comunicación existentes en Nicaragua en pequeñas empresas, es preciso estar atentos a cuáles serán sus próximos pasos en el mercado info-comunicacional.

Integración vertical de empresas del Grupo Enitel

Actividad	Telefonía Básica	Telefonía Móvil	TV Satélite	Radio	Prensa Diaria	Internet
Materiales / Infraestructura	Enitel	Enitel				Enitel
Contenidos/ Servicios	Enitel	Enitel				Enitel
Difusión / Distribución	Enitel	Enitel				Enitel

Estrategia

Punto de vista (se especifican las variables posibles entre paréntesis)	Grupo Globo
Ámbito Territorial (transnacional o nacional)	Transnacional
Grado de Integración (vertical u horizontal)	Horizontal y vertical
Modo de Crecimiento (externo, interno o mixto)	Mixto
Origen del capital (comunicación o extra-comunicación)	Telecomunicaciones

Panamá

Este pequeño Estado situado en el extremo sur de la región es el más joven de todos los países estudiados. De hecho hasta 1903 formó parte del territorio colombiano. No obstante, su independencia de Colombia implicó el inicio de un largo proceso de estrecha relación con Estados Unidos y el país tuvo que afrontar la particularidad de tener que ceder una parte de su territorio a las fuerzas armadas estadounidenses que se hicieron cargo de la administración del famoso Canal de Panamá, paso estratégico del comercio internacional.

Sólo a fines del Siglo XX Panamá recobró su integridad territorial, aunque la fuerte influencia de Estados Unidos sigue perdurando. El país soportó una muy alta inestabilidad política, con golpes de estado y elecciones fraudulentas. En el año 1968 llegó al poder Omar Torrijos, general polémico que gobernó con importantes componentes autoritarios y fuertes restricciones a la libertad de prensa, pero que logró encauzar los tratados con Estados Unidos para la recuperación del canal. Fue sucedido por otros generales, de los cuales el más notorio fue Manuel Noriega quien pasó de contar con el apoyo de Estados Unidos, a declararle la guerra al país del norte. Fue derrocado por una invasión de marines norteamericanos en diciembre 1989. Tras la misma, el país ha podido sostener cuatro presidentes con legitimidad otorgada por el sufragio popular. En 1999, en cumplimiento de los acuerdos Torrijos-Carter, Panamá reasumió la soberanía plena sobre su territorio.

También la economía del país está altamente vinculada a la estadounidense, al punto que la moneda nacional, el Balboa, vale exactamente lo mismo que el dólar, que es moneda de curso legal en el país. Tampoco cuenta con un Banco Central que fije la política monetaria. El principal motor de su economía es el sector de servicios, destacándose especialmente la banca, que se ha transformado en un centro financiero de toda la región. Con un PBI per cápita de 4.325 dólares al año, apenas inferior al de Costa Rica, Panamá constituye la segunda economía de la región. Si embargo es claro que su estructura socio-económica no se asimila a la de su país vecino, dado que es socialmente mucho menos homogéneo. Un reducido grupo de familias controla la mayor parte de la riqueza, mientras que importantes sectores de la población permanecen en la pobreza. Las tasas de alfabetización son de las más altas de la región, pero todavía aparecen relegadas en relación a los países desarrollados. Si bien en los últimos años se registró un importante crecimiento de la población urbana, todavía esta no llega al 60% del total. La capital del país, Ciudad de Panamá, cobija a más de un tercio del conjunto de la población.

De acuerdo al índice de Desarrollo Humano elaborado por el PNUD de las Naciones Unidad para el año 2007, Panamá se encuentra entre las naciones de desarrollo medio-alto, ubicándose en el puesto 62, en el ranking global mundial. Tiene un índice menor al de Costa Rica, pero claramente superior al resto de los países centroamericanos.

Estos datos sociodemográficos muestran un panorama ambiguo para las industrias culturales. Por un lado, el sector servicios es fuerte y la economía del país ha crecido mucho. Sin embargo se mantienen importantes bolsones de pobreza. De todas formas, el principal problema para el desarrollo de las industrias culturales es el escaso número de habitantes que torna muy dificultoso alcanzar economías de escala.

Estructura del mercado cultural

Como en toda la región, no ha resultado sencillo obtener datos de la estructura de las industrias vinculadas a la edición discontinua en Panamá. Tanto en el mercado del libro, del disco y del cine, podemos afirmar, pese a no contar con datos certeros, que se manejan volúmenes de facturación bajos debido al escaso acceso de la población a este tipo de bienes. Mucho más preocupante aún es la escasa producción local. El escaso mercado, apenas superior a tres millones de habitantes, no permite que las inversiones se rentabilicen en el mercado interno. De los tres mercados se destaca el de cine, con una importante afluencia (en comparación con América latina) de espectadores, eso sí, a ver películas que en su inmensa mayoría proceden de Hollywood.

Industria del libro		Año	Fuente
Cantidad anual de ejemplares vendidos (unidades)	Sin datos		
Cantidad de ventas anuales cada mil habitantes	Sin datos		
Cantidad total de títulos editados (unidades)	732	2004	Espacio[1]
Volumen de facturación (U$S) aproximado			
Porcentaje de títulos nacionales sobre total de títulos	84%	2004	Idem
Cantidad de gente empleada en el sector			

Industria discográfica		*Año*	*Fuente*
Cantidad anual de unidades vendidas (CD y casetes)	75.000	2004	SPPF[2]
Cantidad de ventas anuales cada mil habitantes	23,4		
Cantidad total de discos editados (unidades) aprox.			
Volumen de facturación (U$S)			
Porcentaje de títulos nacionales sobre total de títulos			
Cantidad de gente empleada en el sector			

Sector cinematográfico		Año	Fuente
Cantidad de entradas vendidas anuales	3.570.383	2000	ADP[3]
Entradas vendidas cada mil habitantes (anual)	1126	2000	
Cantidad total de películas estrenadas (por año)	143	2000	
Volumen de facturación (U$S)			
Porcentaje de películas nacionales sobre total películas			
Cantidad de gente empleada en el sector			

Prensa diaria

La prensa en Panamá ha estado sin dudas fuertemente vinculada a los avatares políticos del país. La mayoría de las principales familias que han intervenido en política ha contado con vínculos directos de propiedad con los principales periódicos. Hoy en día la prensa sigue teniendo una fuerte injerencia en fijar la agenda política cotidiana, aún cuando su peso económico es notablemente inferior a la televisión. De los siete diarios existentes en Panamá cuatro respondían en el año 2004 al formato sábana tradicional, aunque en la actualidad quedan sólo dos, y se dirigen a los estratos sociales medio y alto. También aparecen cotidianamente tres tabloides de contenidos altamente populares, que encabezan la lista de ventas pero no la de anuncios. Esto es importante porque se calcula que la prensa panameña obtiene más del 80% de sus ingresos de la venta de anuncios.

En un país donde aproximadamente el 10% de la población lee cotidianamente el diario, la prensa está buscando consolidarse y comprender su rol en un entorno democrático luego de un largo periodo autoritario. No es fácil debido a los fuertes vínculos que aún tiene con la oligarquía. Pero existen experiencias interesantes como la del diario *La Prensa* que ha fragmentado sus acciones en miles de pequeños inversores, y la del diario *El Universal* que fue el primero en contar con un ombudsman, a pesar de lo cual, este último diario ha desaparecido.

Prensa escrita (diarios)		Año	Fuente
Cantidad de ejemplares vendidos anualmente (parcial)	74.503.435	2004	Agenda de la Comunicación
Cantidad de ejemplares vendidos cada mil habitantes (año)	23.488	2004	
Cantidad total de títulos de prensa diaria	7	2004	
Volumen de facturación (U$S)	54.680.000	2004	
Volumen de facturación por inversión publicitaria (U$S)	49.438.220	2004	Ibope
Porcentaje de títulos de circulación nacional sobre el total			
Cantidad de gente empleada en el sector			

Radio

La radio panameña brinda el espacio para la comunicación local. De las más de 150 estaciones, solo tres (W Radio, RPC Radio, Radio María) tienen cobertura nacional. De todas maneras, varias emisoras locales encadenan sus contenidos a los de las principales emisoras de la ciudad capital. La penetración de la radio en los hogares panameños supera 83%, siendo el medio con mayor llegado al conjunto de la población. De todas maneras, y al igual que en todos los otros casos, la radio es el medio que recibe la menor inversión publicitaria. Muy pocos emprendimientos radiales puede ser considerados como un verdadero negocio.

Radio		Año	Fuente
Cantidad total de aparatos receptores de radio	568.564	2000	Censo
Aparatos receptores cada mil habitantes	179		
Cantidad total de emisoras de radio;	159	2004	ASEP[4]
Porcentaje de emisoras de alcance nacional	2%		
Volumen de facturación (U$S)	10.000.000	2004	Zenith
Volumen de facturación por inversión publicitaria (U$S)	10.000.000	2004	Zenith
Cantidad de gente empleada en el sector (junto a TV)			

1.6. Televisión

La televisión es el medio de comunicación que más ha cambiado en los últimos años. Hasta la última década del siglo pasado sólo existían dos canales: RPC Televisión Canal 4 y Televisora Nacional Canal 2. En los últimos años han aparecido nuevos canales privados en VHF: canal 13 Telemetro, otros canales públicos como FETV, de carácter educativo, y varios en UHF: RCM News, +23, RCM Plus, Canal 29, Telecentro, Hossana, SerTV, ACP. De todas formas tres canales son los que logran concitar la mayor parte de la atención de los televidentes.

Cabe destacar que la televisión de Panamá nació en 1960, pero que en el país existía con anterioridad un canal dirigido a la comunidad norteamericana que operaba el canal de navegación. La apertura de los canales propiamente panameños no implicó que la mayor parte de los contenidos de la televisión que se recibe en el 77% de los hogares, siga teniendo un fuerte predominio de productos elaborados en Estados Unidos.

La televisión absorbe el 72% de los ingresos publicitarios, siendo el medio más importante económicamente.

Televisión Abierta		Año	Fuente
Cantidad total de aparatos receptores de televisión	525.979	2000	Censo
Cantidad de aparatos receptores cada mil habitantes	166		
Cantidad total de emisoras de televisión	12	2004	ASEP
Porcentaje de emisoras de alcance nacional	25 %	2004	ASEP
Porcentaje de programac. nacional sobre total			
Volumen de facturación (U$S)			
Volumen de facturación por inversión publicitaria (U$S)	153.878.014	2004	IBOPE
Cantidad de gente empleada en el sector (junto a radio)			

1.7. Televisión de pago

La televisión de pago en Panamá tiene mucho desarrollo por delante. Pese a no ocupar espacio radioeléctrico hasta hace pocos años la Autoridad Nacional de Servicios Públicos (ASEP), sólo había otorgado permiso a cuatro operadores. Los mismos no competían entre sí, sino que se repartían territorialmente la zona de operación de cada uno. Sólo la señal satelital DirecTV competía con los otros servicios de televisión paga, pero el escaso tamaño del mercado le impedía tornar rentable la subida al satélite de los canales panameños.

Los sistemas de cable aspiran a entrar los mercados de telefonía e Internet como forma de rentabilizar las inversiones, dado que el bajo porcentaje de población suscripta al servicio demanda la integración con otros negocios. Se calcula que el 5% de la población tiene acceso al cable.

Televisión de pago		Año	Fuente
Cantidad total de abonados al sistema de tv por cable	65.000	2004	Estimado
Cantidad total de abonados al sistema de tv vía satélite			
Cantidad total de operadores de señales de cable	3	2004	ASEP
Cantidad total de operadores de señales satelitales	1	2004	ASEP
Porcentaje de señales nacionales (cable)			
Porcentaje de señales nacionales (satélite)	0%		
Volumen de facturación			
Volumen de facturación por inversión publicitaria			
Cantidad de gente empleada en el sector			

1.8. Telefonía básica

Hasta el año 1995, la telefonía en Panamá fue operada por un monopolio público, INTEL. A tono con la corriente privatizadora que se hizo presente en Latinoamérica dicho año se semi-privatizó la empresa, quedando su composición accionaria repartida entre Cable and Wireless (49%), el Estado panameño (49%) y los trabajadores de la empresa (2%). También se le concedió un período de exclusividad de cinco años.

El panorama de las telecomunicaciones en Panamá, de acuerdo a los especialistas, presenta varias coincidencias con los otros países de la región: la desigualdad en la distribución de la riqueza contribuye a que existan conglomerados de pobres incapaces de pagar por los servicios de telecomunicaciones, junto a una topografía compleja que dificulta la expansión de estos servicios, han marcado que el mercado de telefonía tenga un índice de penetración en los hogares bajo. Incluso desde 1999 se asiste a una baja en la cantidad de líneas instaladas, aun cuando Panamá mantiene el segundo mejor índice de penetración telefónica de la región.

Telefonía Básica		Año	Fuente
Cantidad Total de líneas de telefonía básica	424.000	2004	UIT
Cantidad de líneas de telefonía básica cada mil habitantes	133,9	2004	UIT
Cantidad total de operadores de telefonía básica	14	2004	ASEP
Volumen de facturación (U$S)	215.000.000	2004	Estimado
Cantidad de gente empleada en el sector	6389		ASEP

1.9. Telefonía móvil

Como en la mayoría de los países, la telefonía móvil tuvo un rápido desarrollo. Un sector importante de la población, con serias dificultades para acceder a la telefonía básica, encontró en el servicio inalámbrico una manera rápida y bastante accesible económicamente a través de los sistemas de prepago.

En pocos años la telefonía móvil tuvo más líneas en funcionamiento que la básica, y su nivel de facturación la transforma rápidamente en la industria más importante del sector info-comunicacional. Dos empresas se reparten el mercado.

Telefonía móvil		Año	Fuente
Cantidad Total de líneas de telefonía móvil	1.174.000	2004	UIT
Cantidad de líneas de telefonía móvil cada mil habitantes	397,3	2004	UIT
Cantidad total de operadores de telefonía móvil	2	2004	ASP
Volumen de facturación (U$S) Estimado	300.000.000	2004	Estimado
Cantidad de gente empleada en el sector	6.389	2004	ASEP

1.10. Internet

El desarrollo de Internet es Panamá al año 2004 no era muy elevado. Se calcula que un 5% de la población accedía a Internet, pero sólo el 1.3% de los hogares tenían acceso a conexiones de red. Se espera un importante crecimiento para los próximos años, especialmente a partir de la convergencia. Hay operadores que empiezan a ofrecer servicios integrados de telefonía, cable e Internet.

Internet		Año	Fuente
Cantidad total de computadoras cada mil habitantes	45,6	2004	Digi-world
Cantidad de conexiones a Internet cada mil habitantes	62	2004	UIT
Cantidad total de proveedores de conexión a Internet	11		
Cantidad Total de usuarios de Internet	196.000	2004	UIT

1.11. Estructura del mercado publicitario

La televisión es sin dudas la reina de la publicidad en Panamá. Acapara 72% de los ingresos publicitarios. El segundo de publicidad se ubica en torno a los 30 dólares. La televisión por cable ha incrementado en los últimos años la inclusión de anuncios en su programación, pero estos datos aún no han sido registrados por las consultoras especializadas.

Las principales empresas anunciantes son las dos telefónicas, seguidas por los almacenes, los bancos y el sector servicios.

Gráfico 43. Reparto del mercado publicitario

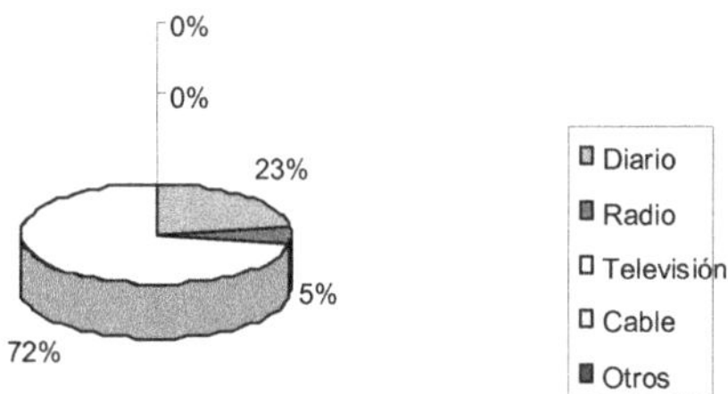

1.12. Análisis de la estructura de mercado

Los índices de acceso a las industrias culturales son dispersos. Presentan muy buenos indicadores relativos en materia de concurrencia a salas de cinematografía. Por el contrario, la cantidad de discos vendidos es muy baja, así como los accesos al cable. Se destaca el crecimiento de la telefonía móvil.

Es precisamente a partir de la importancia económica de la telefonía móvil, que el sector infocomunicacional tiene un importante impacto en el PBI nacional. En su conjunto, y sin considerar sectores como el

disco, el cine y el libro, las industrias culturales suman cerca del 2%
del total del la economía panameña, mientras que la telefonía aporta
un 3,5%

Panamá	Facturación (millones de dólares U$A)	Ejemplares vendidos/ conexiones	Cada 1000 hab	Emplea-dos	Opera-dores
Libro	s/d	S/d			
Disco	s/d	75.000	24		
Cine	s/d	3.570.383	1.126		
Prensa (pub.)	$ 54,68	74.503.435	23.488		7
Radio (pub.)	$ 10,00	568.564	179		159
TV (publicidad)	$ 153,88	525.979	166		12
TV de pago	$ 27,00	65.000	20		4
Telefonía Básica	$ 215,00	424.000	134	6.389	1
Telefonía Móvil	$ 300,00	1.174.000	370		2
Internet	s/d	196.000	62		
Subtotal IC	$ 245,56				
Total	$ 760,56	81.027.361		6.389	

PBI	$ 13.700,00
PBI per cápita	$ 4.325,00

% IC en PBI	1,79%
% Soc Info en PBI	5,55%

Gráfico 44. Facturación Panamá

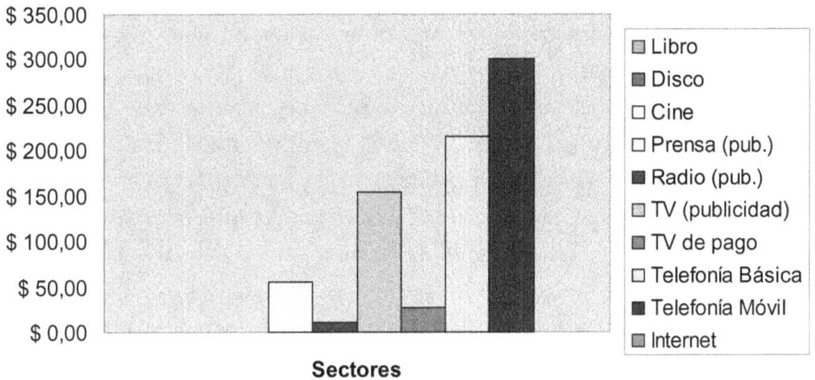

2. Concentración de la propiedad

Como se ha señalado en la introducción el desarrollo de la economía panameña ha estado fuertemente vinculado a un reducido grupo de familias, habitualmente conocidas como la oligarquía del país. El sector de los medios de comunicación no podía quedar ajeno a esta situación. De hecho la mayoría de los medios pertenecen precisamente a dichas familias. Por otra parte, es importante recordar que el Estado no mantiene hoy propiedades en sector infocomunicacional más allá de su participación del 49% en una de las empresas telefónicas, y canales y estaciones de radio de audiencia minoritarias. Sin embargo, existió en la historia de Panamá una fuerte preocupación por parte de numerosos gobiernos por controlar el contenido de los medios, con fuerte dosis de censura y violencia física. Por otra parte, dichos medios han mantenido claros vínculos con los partidos políticos panameños.

De acuerdo a los investigadores Rockwell y Janus, los desafíos que presenta la globalización con importantes grupos inversores procurando generar negocios en todo el planeta, ha profundizado el proceso de concentración debido a que los grupos oligárquicos locales han estrechado lazos a los efectos de levantar barreras de entrada a posibles competidores foráneos.

2.1. Prensa escrita

La prensa en Panamá presenta muy altos índices de concentración de la propiedad. A los ya impactantes números que se muestran en el cuadro, donde los principales 4 diarios dominan el 74% de la circulación, hay que agregar que todos los diarios pertenecen a tres casas editoriales. En efecto, el grupo La Prensa edita el matutino que le da nombre y *Mi Diario*, el grupo Geomedia publica *El Siglo* y *La Estrella,* y EPASA hace lo mismo con *Panamá América, Crítica,* y *Día a día.* Las fuertes diferencias que se aprecian entre las columnas de facturación y ejemplares vendidos se explican por el carácter de los periódicos. Los diarios populares tienen tiradas más altas, pero su capacidad de captar anuncios es baja, mientras que los diarios dirigidos a las los públicos con mayor poder adquisitivo tienen una tirada menor, pero su capacidad para generar ingresos publicitarios es notoriamente superior.

Es preciso aclarar que las cifras de facturación contienen alguna pequeña distorsión. En primer lugar, porque la facturación del grupo *La Prensa*, corresponde al consolidado de los dos diarios, aunque es claro que el mayor porcentaje es producto del diario que da nombre al grupo. En segundo lugar, porque no fue posible obtener los datos de facturación del más pequeño del diario *Día a día.*

Grupo	Facturación (en millones U$s)	Porcentaje de facturación	Ejemplares vendidos	Porcentaje de circulación
Crítica	13,44	24,58%	55.644	27,84%
La Prensa	30,31	55,43%	39.840	19,93%
El Siglo	4,42	8,08%	33.500	16,76%
Panamá América	5,22	9,55%	18.745	9,38%
Subtotal 4 diarios principales	53,59	97,64	147.729	73.91%
Total del mercado	54,68	100,0%	199.874	100,0%
Razón de concentración de facturación (C_f)		0,98		
Razón de concentración de audiencia (C_a)				0,73

Del análisis de la distribución de la circulación se desprende un altísimo nivel de concentración de los cuatro principales periódicos en Panamá. El nivel es mucho más significativo en cuanto a la facturación, y por lo tanto la disponibilidad de recursos, dado que como es habitual existen periódicos que acaparan la mayor parte de los anuncios, y especialmente el sector de avisos clasificados.

Gráfico 45. Prensa: dominio del mercado

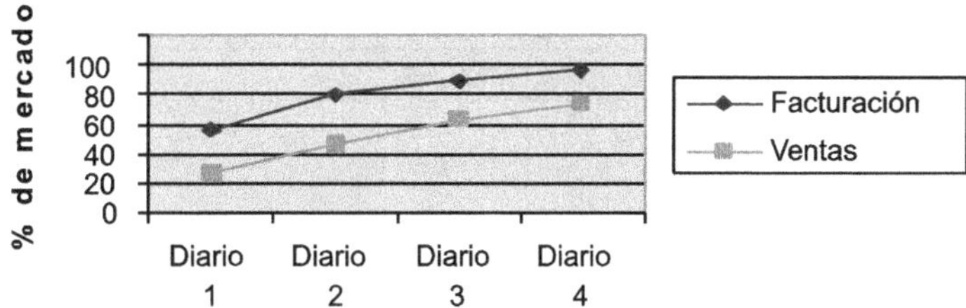

2.2. Radio

Cuatro radios, de un total de un total de 159, concentran casi 85% de la facturación. Esta circunstancia determina una estructura dual para el mercado radial panameño: por un lado unas pocas emisoras con gran capacidad económica, que pueden cobrar el segundo de publicidad casi al mismo precio que la televisión, mientras que por el otro lado la inmensa mayoría de las radios del país debe conformarse con una economía de subsistencia. Cabe destacar que el principal grupo de medios del país, Medcom, posee once licencias de radio. Si bien en términos de pluralismo y capacidad de brindar opciones es sin dudas la radio la que está en mejores condiciones de aportar mayores posibilidades, sería de esperar que el panorama económico fuese más equilibrado.

Grupo	Facturación (en millones U$s)	Porcentaje de facturación	Rating	Porcentaje de audiencia
RPC Radio	2,47	24,7%	13,2	
Wao	2,20	22,0%	17,0	
KW Continente	2,15	21,5%	8,4	
Antena 8	1,60	16,0%	7,8	
Subtotal 4 radios principales	8,42	84,2%	46,4	
Total del mercado	10,00	100,0%		100%
Razón de concentración de facturación (C_f)		0,84		
Razón de concentración de audiencia (C_a)				

Gráfico 46. Radio: dominio del mercado

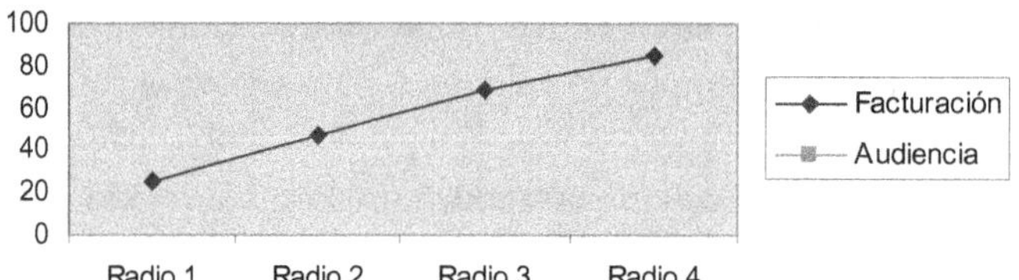

2.3. Televisión abierta

La televisión presenta una situación similar a la prensa. Al ya natural reparto de las frecuencias entre pocas estaciones, en el caso panameño se agrava porque dos canales pertenecen al mismo grupo, Medcom. La televisión panameña que nació en 1960 y hasta 1995 presentaba una escasa oferta, hoy muestra en los números hoy un panorama más competitivo. Aunque en la realidad el grupo Medcom domina el 70% de la audiencia. Este grupo detenta además el 26% de todas las licencias de televisión disponibles en el país. Por otra parte, y si bien no está dentro de los márgenes del presente estudio, es muy importante considerar que a nivel de contenidos existe una fuerte penetración de programas provenientes de las cadenas de televisión de Estados Unidos.

Grupo	Facturación (en millones U$s)	Porcentaje de facturación	Rating	Porcentaje de audiencia
Telemetro Canal 13	54,76	35,59%		26,5%
TVN Canal 2	41,58	27,02%		25,2%
RPC Canal 4	23,03	14,97%		13,6%
TV Max				11,9%
Subtotal 3 emisoras principales		77,58%		77,2%
Total del mercado	153,87	100,0%		100,0%
Razón de concentración de facturación (C_f)		0,77		
Razón de concentración de audiencia (C_a)				0,77

Si bien en primera instancia el índice de concentración en televisión en Panamá es un poco más bajo que en otros países, si se considera que el mismo se reparte prácticamente entre solo dos empresas Medcon y TVN. Se destaca que los dos canales que se disputan el liderazgo de la audiencia televisiva, Canal 13 y Canal 2, acaparan un porcentaje de la facturación publicitaria mucho mayor al de su audiencia (52% de la audiencia, 62% de la facturación).

Gráfico 47. Televisión: dominio del mercado

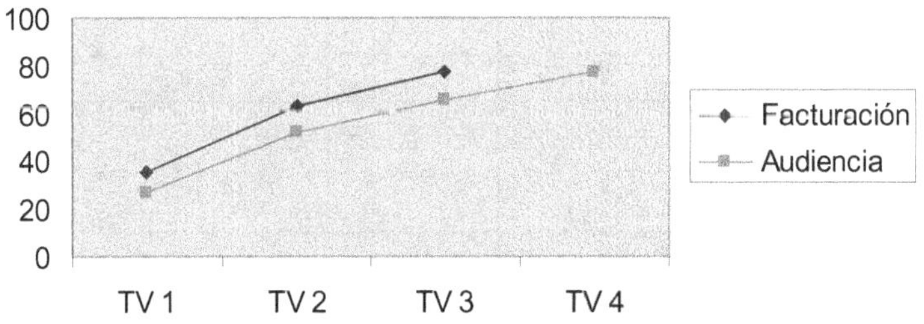

2.4. Televisión de pago (cable y satélite)

La televisión paga presenta el panorama más concentrado de toda la industria mediática. Como se ha señalado en la introducción, recién en los últimos años la autoridad regulatoria ha extendido más licencias para operar servicios de televisión paga. En el año 2004 existían sólo cuatro empresas operando en este mercado: tres de televisión por cable y una de televisión satelital. Las tres empresas primeras no competían entre ellas sino que se repartían las zonas de operación. Cable Onda, del ya varias veces mencionado grupo MEDCOM, es la encargada de cablear la ciudad de Panamá y tiene a su cargo 60% del mercado de la televisión por cable. Los analistas locales hablan de que este mercado funciona como un monopolio de hecho. A partir de su penetración en los hogares, Cable Onda se ha expandido al mercado de Internet con el servicio de banda ancha por cablemodem.

El representante de Cable Onda, Diego Eleta señaló que la llegada de nuevos concesionarios permitirá una mejor cobertura por los servicios, advirtiendo que no cree en monopolios, siempre y cuando haya un esquema de libre competencia. El mercado de Cable Onda es principalmente urbano, ya que los clientes de Bocas del Toro y Darién utilizan el servicio satelital.

Grupo	Facturación (en millones U$s)	Porcentaje de facturación	Cantidad de abonados	Porcentaje de mercado
Cable Onda			39.000	60%
DirectTV			19.500	30%
Otros			6.500	10%
Otros				
Subtotal 2 operadores principales			58.500	90%
Total del mercado			65.000	
Razón de concentración de facturación (C_f)				
Razón de concentración de audiencia (C_a)				100%

Gráfico 48. TV de pago: dominio del mercado

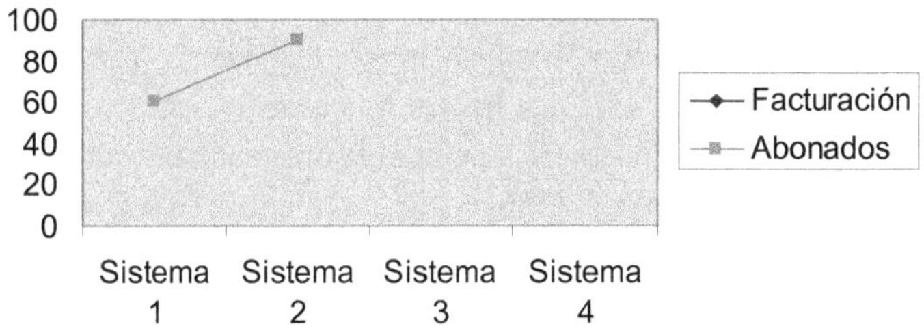

2.5. Telefonía básica

El mercado de telefonía fija tiene como único participante a la empresa de capital mixto Cable & Wireless, por lo que la competencia no es una característica de la telefonía fija en Panamá. Si bien, a partir de la liberalización de la telefonía en el año 2003, existen registradas 14 empresas telefónicas, las restantes 13 compañías se dedican a telefonía de larga distancia y pública. La incumbente se ha quedado con el control de la telefonía básica y no parece un mercado susceptible de ser disputado por otras empresas.

Una de las empresas que ha ingresado al mercado de las telecomunicaciones es Cable Onda, del grupo Medcom que ofrece llamadas internacionales y larga distancia nacional.

Grupo	Facturación (en millones U$s)	Porcentaje de facturación	Cantidad de abonados	Porcentaje de mercado
Cable & Wirelles	215	100%	424.000	100%
Subtotal 4 operadores principales	215	100%		100%
Total del mercado	215	100%		100%
Razón de concentración de facturación (C_f)		1		
Razón de concentración de audiencia (C_a)				1

2.6. Telefonía móvil

En el rubro de la telefonía móvil son dos empresas las que se reparten el mercado: Cable and Wireless Móvil y Movistar Panamá. La primera es parte de la incumbente en telefonía básica. Movistar hizo su entrada al comprar Bell South en Latinoamérica que era la otra empresa que había obtenido una licencia en Panamá. Ambas empresas mantienen una competencia muy cerrada y el predominio puede varias de un año a otro. C&W comenzó sus operaciones más tarde que Bell South, pero en los últimos años ha conseguido equilibrar la cantidad de clientes.

Gráfico 49. Telefonía móvil: dominio del mercado

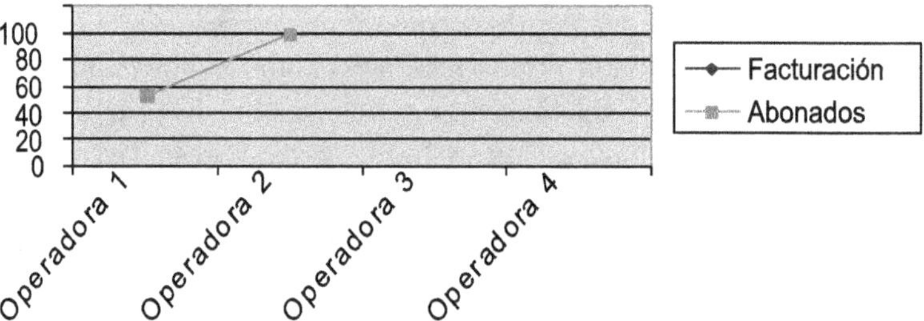

Como en la mayoría de los países existe una fuerte concentración de la propiedad en el mercado de la telefonía digital en Panamá, constituyendo una situación de duopolio. Tal vez la mayor diferencia en relación a los otros países la constituye la no presencia del gigante de las comunicaciones móviles en la región, América Móvil de Carlos Slim.

Grupo	Facturación (en millones U$s)	Porcentaje de facturación	Cantidad de abonados	Porcentaje de mercado
Movistar (Telefónica)	158	52,67%	626.000	53,32%
Cable & Wireless Móvil	142	47,33%	548.000	46,68%
Subtotal 4 operadores principales	300	100%	1.174.000	100%
Total del mercado	300	100%	1.174.000	100%
Razón de concentración de facturación (C_f)		1		
Razón de concentración de audiencia (C_a)				1

2.8. Análisis de la concentración en Panamá

No hay dudas que existe un altísimo nivel de concentración de la propiedad del sector infocomunicacional en Panamá. Además del alto grado de concentración en cada uno de los mercados hemos apreciado un fuerte nivel de concentración horizontal, es decir grupos que controlan los más importantes medios de cada sector, y a diferencia de los otros países de la región existe un grupo que se ha expandido a casi todos los mercados operando en radio, televisión abierta y por cable, telefonía fija e Internet. Su caso será desarrollado en el próximo apartado. El capital extranjero, salvo la participación de C&W en telefonía, no parece tener importancia, aunque si es claro que los contenidos del audiovisual panameño si es altamente dependiente de las producciones norteamericanas.

Si se toma como referencia el dominio de mercado del primer operador, vemos que en todos los caso al menos un 25% del mismo queda a su cargo. La radio presenta el nivel más bajo, mientras que la telefonía, un virtual monopolio, muestra el más elevado. Si se considera el porcentaje de mercado alcanzado por los cuatro primeros operadores, índices de concentración se revelan muy elevados. Incluso en el mercado de la radio, que suele presentar índices más bajos, se aprecian indicadores muy cercanos al máximo de la escala. Tienden a igualarse los niveles de concentración en los mercados de telecomunicaciones y de industrias culturales. En las industrias culturales los datos adquieren relevancia si se considera que son las que construyen diariamente la agenda informativa del país, con fuerte influencia en la vida política y económica.

Gráfico 50. Panamá: dominio del mercado del primer operador

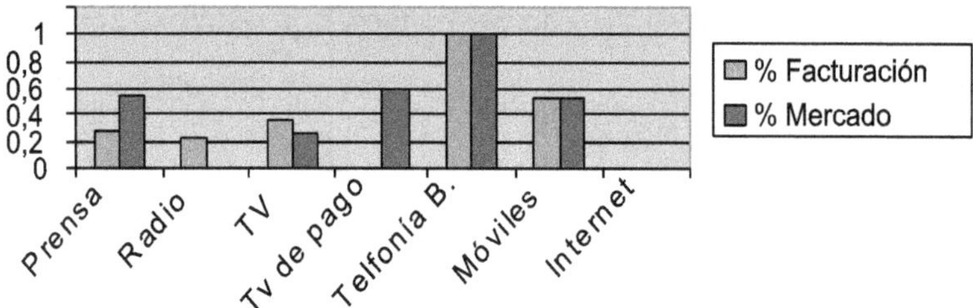

Gráfico 51. Panamá: coeficiente de concentración

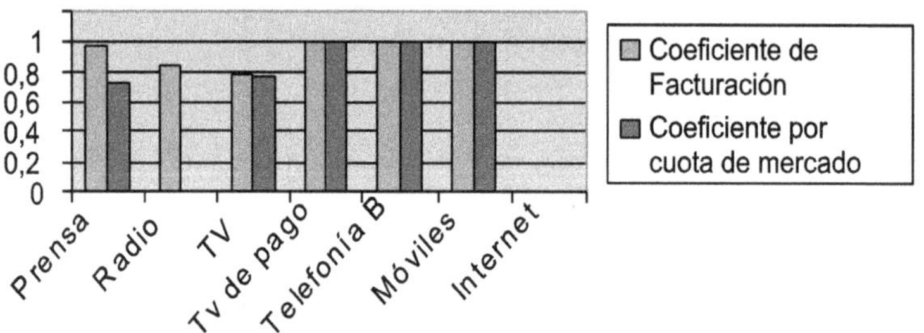

3. Los grupos de comunicación

En materia de estructura de grupos, Panamá presenta un panorama bastante similar al de la mayoría de los países latinoamericanos: un par de grupos en telefonía en manos de capital extranjero, y un par de grupos nacionales controlando una parte significativa de las industrias culturales.

Si hubiera que elegir un grupo por su nivel de ingresos, no hay dudas que el más importante es Cable & Wireless que detenta el monopolio de la telefonía virtual de la telefonía básica, controla la mitad del mercado de telefonía móvil y tiene una importante participación en Internet. La facturación de C&W en Panamá supera los trescientos cincuenta millones de dólares, cifra que prácticamente duplica el total de los ingresos generados por el mercado publicitario. Hasta el momento el grupo C&W no ha mostrado interés en expandirse hacia el sector de los medios de comunicación. Es claro que el grupo tiene un a fuerte influencia sobre los mismos por ser el mayor anunciante del país. De acuerdo la consultora IBOPE, durante el año 2005 C&W invirtió 10 millones de dólares en publicidad. La segunda empresa que más publicidad gastó en Panamá, su competidora Movistar, apenas superó los 4 millones de dólares. Precisamente Movistar constituiría el segundo grupo infocomunicacional en importancia del país, si nos limitamos a considerar solamente su facturación. Pero, dado que su importancia económica es menor a la C&W, su mercado está casi limitado a la telefonía móvil, y no tiene participación activa en las industrias culturales del país, elegiremos para la descripción a un grupo con fuerte y diversificada presencia en el sector mediático.

Si consideramos la propiedad de los medios de comunicación el principal grupo de Panamá es Medcom. Este grupo tiene importantes posiciones en radio, televisión abierta y paga e Internet. En los últimos años ha comenzado a operar en el sector de la telefonía a partir de servicios convergentes, principalmente "triple play". Dado que la televisión se queda con 72% de la torta publicitaria, y que de dicho monto, MEDCOM absorbe la mayor parte, este consorcio es el gran grupo mediático del país. A su poder económico, le suma su gran capacidad para impactar en la agenda periodística panameña.

Una característica común a ambos, C&W y Medcom, es que su participación en el mercado infocomunicacional panameño es relativamente reciente.

Si se considera la facturación del diario *La Prensa* este podría ser sumado a los grandes grupos comunicacionales del país. Sin embargo, la legislación vigente impide a los medios impresos participar del mercado de medios electrónicos (no pueden poseer radios, televisoras, ni empresas de cable). Por dicha restricción La Prensa no llega a conformar estructura de grupo de comunicación.

3.1. Grupo C&W

El Grupo Cable & Wireless nació en 1860 en Londres, y hoy sus operaciones abarcan a más de 34 naciones. Desde su fundación, el grupo Cable & Wireless ha sido uno de los principales actores en las telecomunicaciones globales. Cuenta con más de cinco millones de clientes de telefonía móvil en 25 mercados. Las principales operaciones de la empresa se llevan a cabo en el Caribe y Panamá, Macao y Mónaco.

Cable & Wireless Panamá, S.A. tiene una estructura accionaria mixta, donde el 49% de las acciones pertenece a Cable & Wireless Plc, otro 49% al Estado y el otro 2% a los trabajadores de la empresa. C&W es fruto de la privatización de la empresa pública panameña, Instituto Nacional de Telecomunicaciones, que en 1995 fue transformada en una sociedad anónima denominada INTEL S.A. En 1997 se completó el proceso privatizador, al aceptarse una oferta de C&W de 625 millones de dólares por el 49% de Intel.

Pese a la declarada liberalización del mercado telefónico, C&W sigue ostentando un absoluto predominio en el mercado de telefonía residencial. La apertura apenas ha supuesto alguna competencia en telefonía interurbana, internacional y pública. También tiene una presencia significativa en el mercado de la telefonía móvil e Internet.

C&W representa el tradicional modelo de negocios de las empresas telefónicas que integran verticalmente toda la cadena de negocios.

Estructura grupo C&W

Grupos	Telefonía Básica		Telefonía Móvil		Internet	
	Empresas.	Abonados	Cías.	Abonos	Cías.	Abonos
C&W	C&W	424.000	C&W	548.000	C&W	

Integración vertical de empresas del Grupo C&W

Actividad	Telefonía Básica	Telefonía Móvil	TV Satélite	Radio	Prensa Diaria	Internet
Materiales / Infraestructura	C&W	ICE				C&W
Contenidos/ Servicios	C&W	C&W				C&W
Difusión / Distribución	C&W	C&W				C&W

Estrategia

Punto de vista (se especifican las variables posibles entre paréntesis)	Grupo C&W
Ámbito Territorial (transnacional o nacional)	Global
Grado de Integración (vertical u horizontal)	Horizontal y vertical
Modo de Crecimiento (externo, interno o mixto)	Mixto
Origen del capital (comunicación o extra-comunicación)	Telecomunicaciones

3.2. Grupo MEDCOM

Cuando en 1995 se fusionaron Telemetro Panamá Canal 13 y Canal 4 nace el grupo MEDCOM. En poco más de 10 años se ha transformado en el gran grupo de medios del país. En dicho grupo se fusionaban el canal más antiguo, RCP Canal 4, con uno de los más recientes, Telemetro. Canal 4 fue fundado en 1960 por Fernando Eleta, quien continuó así en televisión el modelo de Radio Programas Continentales (RPC), una de las emisoras sonoras más importantes del país. Por su parte, Telemetro pertenecía a la familia González Revilla, que habían obtenido una licencia para operar el Canal en 1983 y posteriormente generaron una estructura de grupo a partir la compra de la compañía de televisión paga, Cable Onda. A esto se le sumó luego la compra de RPC Canal 4 y RPC Radio.

De acuerdo a Rockwell y Janus, la fusión de ambos grupos constituyó una estrategia defensiva frente a posibles amenazas de grupos extranjeros.

Hoy el grupo cuenta con la radio más escuchada de Panamá (RCP), a la que debe sumarse una FM (97.1 Caliente), dos canales de televisión, los ya mencionados Telemetro, RPC, y Canal 7 de programación mayoritariamente infantil, más una señal que es distribuida solamente en los hoteles de Panamá, "Travel Panamá". Además posee la empresa cuasi monopólica en el sector del Cable, Cable Onda, y como se ha indicado ha incursionado en Internet y telefonía básica.

La familia González Revilla sigue reteniendo el control de este grupo que muestra una gran diversidad en sus inversiones, y que apuesta fuerte a ser un jugador pleno en el mercado convergente del audiovisual y las telecomunicaciones.

Estructura grupo Medcom

Grupos	TV		TV cable		Internet	
	Empresas.	Rating	Cías.	Abonos	Cías.	Abonos
Grupo Medcom	Canal 13 Canal 4		Cable Onda	39.000	Cable Onda	

Grupos	Radio		Telefonía Básica	
	Empresas	Rating	Empresas	Abonos
Grupo Medcom	RPC Radio		Cable Onda	

Integración vertical de empresas del MEDCOM

Actividad	TV	Telefonía Básica	TV Cable	Radio	Internet
Materiales / Infraestructura		Cable Onda			Cable Onda
Contenidos/ Servicios	Canal 13 Canal 4	Cable Onda	Cable Onda	RCP	Cable Onda
Difusión / Distribución	Canal 13 Canal 4	Cable Onda	Cable Onda	RCP	Cable Onda

Estrategia

Punto de vista (se especifican las variables posibles entre paréntesis)	Grupo C&W
Ámbito Territorial (transnacional o nacional)	Nacional
Grado de Integración (vertical u horizontal)	Horizontal y vertical
Modo de Crecimiento (externo, interno o mixto)	Mixto
Origen del capital (comunicación o extra-comunicación)	Medios de comunicación

[1] El Espacio Iberoamericano del Libro

[2] Sociedad Panameña de Productores Fonográficos

[3] Asociación de Distribuidores de Películas

[4] Autoridad de los Servicios Públicos

República Dominicana

Dos hechos marcan a fuego la historia contemporánea de la República Dominicana: las invasiones norteamericanas de principios y mediados del siglo XX, y la muy extensa dictadura de Rafael Trujillo, quien gobernó entre 1930 y 1961. En ambos casos, bajo un marco autoritario y sangriento, se consolidó una economía basada en las exportaciones de productos agropecuarios, especialmente el azúcar.

Luego de la guerra civil y la invasión norteamericana que tuvo lugar en 1965, se han sucedido gobiernos formalmente votados por la ciudadanía, aunque en varias ocasiones las mismas no gozaron de la menor transparencia como cuando fue electo y reelecto Joaquín Balaguer. Desde la década del 90 se han sucedido un conjunto de gobiernos de orientación liberal que han profundizado la integración de la República Dominicana en el área de libre comercio de Centroamérica. Paralelamente la economía se ha visto fortalecida por el crecimiento constante del turismo que se ha transformado en un sector vital por su aporte al PBI del país.

Actualmente la República Dominicana es un país en vías de desarrollo, que de acuerdo al nivel de ingresos de su población se encuentra en una franja media, si se toman parámetros como los del PNUD. Como se ha señalado su economía depende de la agricultura y los servicios. En este último sector se destacan las zonas francas y el turismo.

De acuerdo al índice de Desarrollo Humano elaborado por el PNUD de las Naciones Unidad para el año 2007, República Dominicana se encuentra entre las naciones de desarrollo medio, ubicándose en el puesto 87, en el ranking global mundial. El PBI per cápita del país (3.259 dólares al año) se encuentra entre los más altos de la región, luego de Costa Rica y Panamá. También es uno de los países con mayor número de habitantes, aunque un importante porcentaje de la población aún reside en zonas rurales. Sin embargo, el proceso de migración del campo a la ciudad se ha acentuado en los últimos años, con concentración en cuatro grandes centros urbanos. Estos hechos podrían haber estimulado el desarrollo de las industrias culturales. Sin embargo, las mismas sufrieron importantes limitaciones por cuestiones políticas.

Si bien en los últimos años las industrias culturales han cobrado algún impulso, hasta la década del 60 el sistema de difusión cultural era muy pobre y el acceso a la cultura industrializada quedaba limitado a los sectores más acomodados de la población, en gran medida debido al fuerte control estatal del dictador Trujillo. Por otra parte, existe aún una fuerte concentración geográfica de la oferta cultural en las ciudades, marginando a la importante población campesina del país. En el año 2003, el país enfrentó una seria crisis bancaria. Esta situación afectó especialmente a los medios de comunicación ya que en muchos casos eran propiedad de instituciones financieras. Uno de los grupos más afectados Baninter, era propietario de varios medios. Los mismos continuaron bajo administración del Gobierno. Recientemente la Corte Suprema de Justicia dispuso que pasen a la órbita del Banco Central para que sirvan de paliativo a quienes se vieron afectados por la quiebra.

En términos generales ha sido muy difícil obtener información confiable. A consecuencia de ello, el análisis que se presenta es una aproximación al sistema de medios y sus formas de concentración que procura alentar a otros a continuar la tarea de sistematización.

Los datos vinculados a los sistemas de información provienen de encuestas con diversos propósitos. En este capítulo utilizaremos información del Ente Regulador Indotel y la encuesta *ENHOGAR 2005*.

En material legal, cabe destacar que la Constitución Política de la República Dominicana, en su artículo octavo garantiza la libertad de expresión.

Estructura del mercado cultural

Ha sido sumamente difícil contar con datos sobre la estructura de las industrias culturales en la República Dominicana. En términos generales tanto el cine, como la industria musical y la producción de libros, no ha tenido un importante desarrollo. En los primeros dos sectores es fuertemente dependiente de la producción estadounidense.

La industria editorial ha sido más afectada aún, por la desigual distribución de la riqueza e importantes niveles de analfabetismo. Sin embrago en los últimos años se destaca un incipiente crecimiento del mercado editorial. Las casas editoriales no alcanzan la docena, si se exceptúa la participación del Estado Nacional y las Universidades. Las más activas editoriales locales son Editora Taller, Editorial Manatí, Editora Corripio, Amigo del Hogar, que pueden llegar a editar mil títulos anuales. En muchos casos operan como reproductoras de editoriales extranjeras.

Aunque existen antecedentes desde la década del 60, recién en la década del '80 existió un relativo despegue de la industria discográfica dominicana, donde se destacaron las productoras Radio Guarachita y Karen Record. Desde entonces, el predominio de las grandes empresas discográficas multinacionales ha sido casi absoluto. Hoy en día el mercado paralelo de venta de música es muy significativo.

El cine en República Dominicana tuvo un importante desarrollo si se considera la cantidad de espectadores que asistían a las salas en las décadas del 50 y 60. Luego fue cada vez más difícil competir con la televisión y el promedio anual de asistentes ha caído regularmente. Existe una pequeña producción nacional de cine, aunque el cine estadounidense predomina ampliamente en la exhibición, seguido por Argentina y México. En los últimos años también se relanzo la producción de cine y se volvió a hablar de "cine dominicano", aunque todavía en cantidad muy, muy limitada. La novedad ha sido que algunos empresarios ya han comenzado a financiar producciones criollas, un hecho inédito en la historia del cine en República Dominicana.

Prensa diaria

De los nueve diarios existentes en República Dominicana, siete son matutinos. La prensa ha estado estrechamente vinculada a la historia política del país. Uno de los principales diarios, *Listín Diario*, tuvo que dejar de salir durante la extensa dictadura de Trujillo. Los otros diarios nacionales de mayor envergadura son *El Caribe* y *Hoy*. También están el exitoso y gratuito *Diario Libre*, y otros como *El Día*, *La Información*, y finalmente *El Nuevo Diario* (1981). Los diarios vespertinos son *El Nacional* y *Última hora*, este ultimo desaparecido en 2002.

En los últimos años se observa el auge de periódicos digitales, entre los que se destaca *Clave Digital*, producido por MediaTeam Dominicana. Otros diarios digitales son *7días*, *Diario Digital RD*, y *Barrigaverde*. Los matutinos señalados anteriormente también cuentan con su versión digital.

Prensa escrita (diarios)		Año	Fuente
Cantidad de ejemplares vendidos anualmente (parcial)	78.840.000	2004	reservada
Cantidad de ejemplares vendidos cada mil habitantes (año)	8.968	2004	
Cantidad total de títulos de prensa diaria	9	2004	
Volumen de facturación (U$S)			
Volumen de facturación por inversión publicitaria (U$S)	59.178.000	2004	reservada
Porcentaje de títulos de circulación nacional sobre el total			
Cantidad de gente empleada en el sector			

Radio

La radio en República Dominicana tiene un importante desarrollo por su fuerte penetración en los hogares. Se calcula que el 77,2% de la población escucha radio habitualmente. De acuerdo a INDOTel existen en la actualidad 313 permisos otorgados, aunque no todas las radios están operativas. Se calcula que el número real se encuentra por debajo de las 300. Sin embargo es para destacar la gran concentración de emisoras en la capital Santo Domingo, donde conviven 50 emisoras FM y más de 35 AM.

El Estado Dominicano posee 5 estaciones, mientras que el resto pertenece al sector privado. Se destacan "Kiss FM" y "91 FM". Sólo dos emisoras, la estatal Dominicana FM y Primera FM, tienen alcance nacional.

Radio		Año	Fuente
Cantidad total de aparatos receptores de radio	2.580.000	2006	Tendencias
Aparatos receptores cada mil habitantes	284		
Cantidad total de emisoras de radio	313	2004	INDOTEL
Porcentaje de emisoras de alcance nacional			
Volumen de facturación (U$S)	34.536.000	2004	Reservada
Volumen de facturación por inversión publicitaria (U$S)	34.536.000	2004	
Cantidad de gente empleada en el sector (junto a TV)			

1.6. Televisión

La televisión dominicana tuvo su origen en agosto de 1952, cuando fue lanzado el canal estatal Radio-Televisión Dominicana. Recién en 1959 se lanzó la competencia privada, cuando se inauguró la repetidora regional Rahintel Televisión en la ciudad de Santo Domingo. Pocos años después, en 1966, Rahintel sacó adelante dos canales más, el 11 y el 7, que le permitió llegar a otras zonas del país.

Se calcula que el 94% de los hogares tienen al menos un aparto receptor de televisión, lo que ubica a la televisión como el principal medio de información y entretenimiento del país. Existen siete canales en VHF y 35 en UHF, una cantidad muy numerosa para la estructura del mercado dominicano.

Dentro del fragmentado mercado televisivo se destacan los canales Telemicro, Color Visión y Antena Latina como los que alcanzan mayores niveles de audiencia.

Es el medio más importante económicamente, dado que absorbe el 72% de los ingresos publicitarios. La publicidad del estado alcanza el 4% de dicho monto.

Los canales más importantes son *Tele Antillas, Canal 2,* fundado en 1979, *Color Visión, Canal 9*, y la *Corporación Estatal de Radio y Televisión, Canal 4.*

Televisión Abierta		Año	Fuente
Cantidad total de aparatos receptores de televisión	1.765.000	2006	Tendencias
Cantidad de aparatos receptores cada mil habitantes	194		
Cantidad total de emisoras de televisión	42	2004	INDOTEL
Porcentaje de emisoras de alcance nacional			
Porcentaje de programac. nacional sobre total			
Volumen de facturación (U$S)			
Volumen de facturación por inversión publicitaria (U$S)	176.964.000	2004	reservada
Cantidad de gente empleada en el sector (junto a radio)			

1.7. Televisión de pago

En los últimos años ha existido un importante desarrollo de canales de televisión por cable. Si bien los datos obtenidos son confusos, podemos afirmar que cerca de la mitad de la población accede a los contenidos televisivos mediante el cable, aunque el porcentaje de población que paga dichos servicios es notablemente inferior. Durante el transcurso del 2008 comenzó a operar la televisión satelital a través de la empresa Sky.

De acuerdo a Indotel, existen 70 empresas del cable, que aspiran a entrar los mercados de telefonía e Internet como forma de rentabilizar las inversiones, dado que el bajo porcentaje de población suscripta al servicio demanda la integración con otros negocios.

Televisión de pago		Año	Fuente
Cantidad total de abonados al sistema de tv por cable	380.000	2007	reservada
Cantidad total de abonados al sistema de tv vía satélite			
Cantidad total de operadores de señales de cable	70	2004	INDOTEL
Cantidad total de operadores de señales satelitales			
Porcentaje de señales nacionales (cable)			
Porcentaje de señales nacionales (satélite)			
Volumen de facturación			
Volumen de facturación por inversión publicitaria			
Cantidad de gente empleada en el sector			

1.8. Telefonía básica

El principal operador de telefonía fija de la República Dominicana en el año 2004 era Verizon Dominicana, quien se quedó con la antigua empresa estatal de teléfonos CODETEL. En 2006 fue adquirida por América Móvil, del mexicano Carlos Slim, que le devolvió su antiguo nombre comercial de Compañía Dominicana de Teléfonos (CODETEL) De acuerdo a los datos de INDOTEL existen 11 empresas registradas para dar servicios de telefonía básica, pero sólo 6 se encuentran operativas.

El sector de la telefonía básica no tiene un desarrollo importante y se encuentra estancado desde principios del siglo XXI.

Telefonía Básica		Año	Fuente
Cantidad Total de líneas de telefonía básica	936.155	2004	INDOTEL
Cantidad de líneas de telefonía básica cada mil habitantes	106		
Cantidad total de operadores de telefonía básica	11	2006	
Volumen de facturación (U$S)			
Cantidad de gente empleada en el sector			

1.9. Telefonía móvil

En pocos años la telefonía móvil tuvo más líneas en funcionamiento
que la básica, y su nivel de facturación la transforma rápidamente en la
industria más importante del sector info-comunicacional. Cuatro empresas
se reparten el mercado, entre las que se destaca, al igual que en el sector
fijo, Verizon. Luego del año 2004, la telefonía móvil tuvo un crecimiento
exponencial.

Telefonía móvil		Año	Fuente
Cantidad Total de líneas de telefonía móvil	2.534.063	2004	INDOTEL
Cantidad de líneas de telefonía móvil cada mil habitantes	288		
Cantidad total de operadores de telefonía móvil	4		
Volumen de facturación; (U$S) Estimado			
Cantidad de gente empleada en el sector			

1.10. Internet

Sólo el 1.3% de los hogares tenían acceso a conexiones de red en el
hogar, aunque la población con acceso a Internet es mayor, y se calcula
que existe una tasa de penetración cercana al 5%. Se espera un importante
crecimiento para los próximos años, especialmente a partir de la convergencia. Hay operadores que empiezan a ofrecer servicios integrados de
telefonía, cable e Internet. Hasta ahora predominan las conexiones por
vía telefónica.

Internet		Año	Fuente
Cantidad total de computadoras cada mil habitantes			
Cantidad de conexiones a Internet cada mil habitantes	12	2004	INDOTEL
Cantidad total de proveedores de conexión a Internet			
Cantidad Total de usuarios de Internet	839.904	2004	INDOTEL

1.11. Estructura del mercado publicitario

El mercado publicitario en República Dominicana está fuertemente concentrado en la televisión que logra quedarse casi con el 70% del total de la inversión. La prensa se ubica en segundo lugar con el 22% y la radio alcanza el 13%. Es un mercado muy inestable con fuerte incidencia de la publicidad de los partidos políticos en los períodos eleccionarios.

En los períodos no electorales se destacan los bancos, los supermercados, y las empresas de cerveza. Se calcula que el mercado publicitario supera los doscientos setenta millones de dólares.

Gráfico 52. Reparto del mercado publicitario

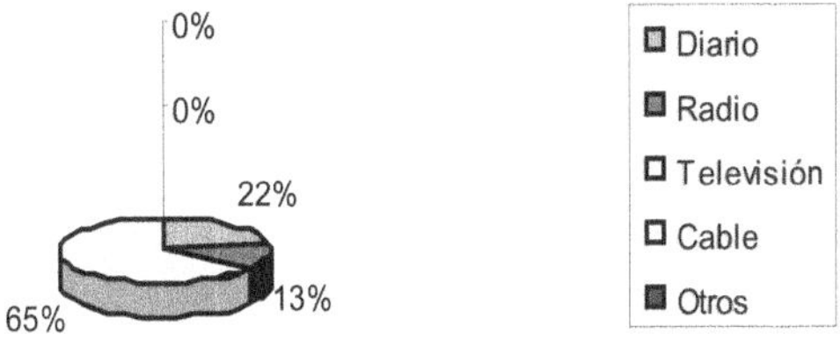

1.12. Análisis de la estructura de mercado

Lamentablemente no se han podido conseguir datos confiables sobre los índices de acceso a las industrias culturales. Tampoco ha sido posible considerar su importancia económica. Los accesos a la telefonía se encuentran en el promedio de la región que no es precisamente una zona del planeta donde la conectividad a la telefonía se distinga especialmente.

Las industrias culturales no parecen tener significativa importancia en la estructura económica dominicana.

2. Concentración de la propiedad

Lamentablemente solo contamos con datos fragmentados e indirectos para el análisis de la concentración de la propiedad de los medios en República Dominicana. De todas formas, entendemos que son suficientes para brindar un panorama de la situación actual. En un entorno privado y mercantil, las economías de escala permitirían alcanzar un mejor balance económico de los medios de comunicación. Sin embargo, en el sector radiodifusión existen numerosos medios, y una importante dispersión de la propiedad de los mismos.

Por otra parte, el Estado dominicano posee estaciones de radio y televisión, pero las mismas solo obtienen audiencias minoritarias. Esto no ha sido óbice para que diversos gobiernos hayan tratado de mantener cierto control sobre el contenido político de los medios. Por otra parte, como se ha señalado en la introducción, otra forma de control de la información circulante ha estado marcada por el vínculo existente entre los medios de comunicación y sector financiero.

2.1. Prensa escrita

La prensa en República Dominicana presenta muy altos índices de concentración, al menos en relación al dominio de mercado de los cuatro principales periódicos del país. Si bien los datos obtenidos son limitados, todos los estudios disponibles coinciden en afirmar que el diario que alcanza un mayor número de lectores es *Listín Diario*. Este diario se vio involucrado a principios del siglo XXI en una áspera disputa judicial a partir de la fraudulenta quiebra de la entidad bancaria (BANINTER) que la controlaba. En julio de 2008, la Suprema Corte de Justicia dictó una sentencia que condenó a los principales ejecutivos de Baninter a cumplir prisión durante 10 años por considerarlos culpables de cargos como lavado de activos, etc. Sin embargo, *Listín Diario* no fue incluido entre los bienes que debían ser incautados por el Estado. Por ahora, la presidencia de la editora *Listín Diario* pasó a ser ocupada por el padre del ex presidente de Baninter.

El segundo lugar lo ocupa el *Diario libre* de circulación gratuita. Es editado por Omnimedia, un grupo de comunicación que publica varias revistas. Su principal accionista es Manuel Arturo Pellerano, presidente del quebrado Banco Nacional de Crédito (Bancrédito), de la telefónica Tricom, de la empresa Telecable Nacional y de una importante aseguradora que fue incautada. Pellerano está siendo procesado en los tribunales dominicanos por causas similares a la de los ejecutivos de Baninter. Entre los accionistas de Diario Libre se encuentran otras entidades empresariales, entre ellas Mercasid, que también dominan medios de comunicación electrónicos.

En tercer lugar se encuentra el diario *Hoy*, presidido por el empresario de origen español José Luis Corripio Estrada, que posee otros dos periódicos *El Día* (gratuito) y *El Nacional* (vespertino), dos canales VHF, varios de UHF y una emisora de radio.

Grupo	Facturación (en millones U$s)	Porcentaje de facturación	Ejemplares vendidos	Porcentaje de lectoría
Diario Libre			75.000	34,25%
El día			40.000	18,26%
Listín Diario			37.000	16,89%
El Nacional			30.000	13,70%
Subtotal 4 diarios principales				83,10%
Total del mercado		100,0%	219.000	100,0%
Razón de concentración de facturación (C_f)				
Razón de concentración de audiencia (C_a)				0,83

Del análisis del porcentaje de mercado de los cuatro principales periódicos, queda claro que existe una altísima concentración en los medios en el sector. El índice de concentración sería aun mayor si se considerase los diarios que pertenecen a un mismo grupo. Por otra parte, queda claro que la prensa se encuentra fuertemente concentrada en Santo Domingo, y que los otros 5 periódicos, solo alcanzan el 17,34% del mercado.

Gráfico 53. Prensa: dominio del mercado

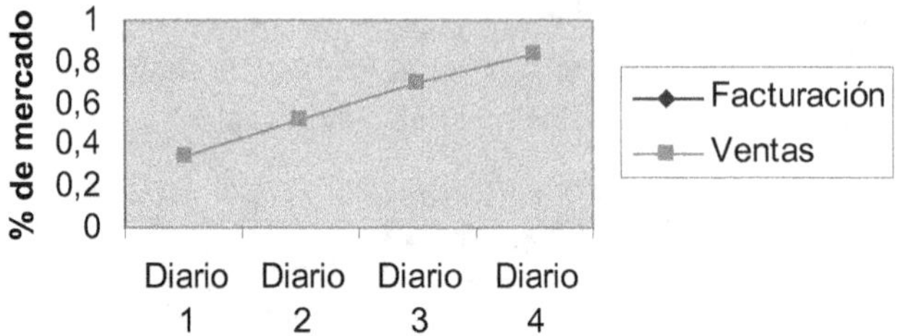

2.2. Radio

Existe una fuerte dispersión de la audiencia entre las más de 300 radios que existen en el país. Se destacan las radios que programan música de baladas, bachata, salsa y merengue. No se ha podido conseguir información correcta sobre los dueños de las radios en República Dominicana.

Grupo	Facturación (en millones U$s)	Porcentaje de facturación	Rating	Porcentaje de audiencia
Disco 106	6,18	17,90%		16,29%
Escape	3,32	9,64%		
Rumba FM	2,58	7,47%		
Millenium	2,39	6,94%		
Subtotal 4 radios principales	14,48	41,95%		38,50%
Total del mercado	34,53	100,0%		100%
Razón de concentración de facturación (C_f)		0,42		
Razón de concentración de audiencia (C_a)				0,38

Del análisis de la concentración de las audiencias, se desprende que la radio presenta, al igual que en otros países un nivel de concentración más bajo que los otros medios. De todas formas el índice de concentración encontrado en Dominicana, es superior al de la mayoría de los países de la región.

Gráfico 54. Radio: dominio del mercado

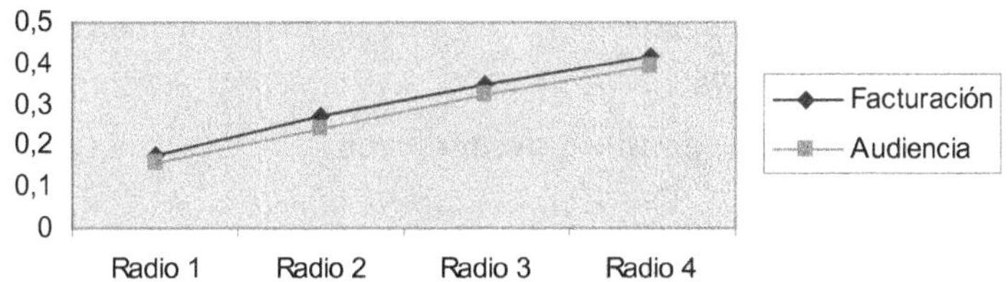

2.3. Televisión abierta

La abundancia de canales de televisión en VHF y UHF genera una tendencia a la dispersión de las audiencias. De acuerdo a los datos de rating disponibles para el año 2004, el canal más visto era Telemicro, seguido por Antena Latina. Existen varios casos de propiedad cruzada que integran canales de televisión con medios gráficos.

Grupo	Facturación (en millones U$s)	Porcentaje de facturación	Rating	Porcentaje de audiencia
Telemicro, Canal 5	5383			12 %
Antena Latina, Canal 7	3891			10 %
Antena 21, Canal 21	3672			8 %
Color Visión, Canal 9	3585			8 %
Subtotal 4 emisoras principales	16631			
Total del mercado	17696	100,0%		100,0%
Razón de concentración de facturación (C_f)				
Razón de concentración de audiencia (C_a)				0,38

Cabe destacar que el índice de concentración de la audiencia televisiva en la República Dominicana, posiblemente sea uno de los más bajos de la región. Lamentablemente no ha sido posible comparar estos datos con los de la facturación, para comprobar niveles de diversidad económica. Hay que destacar que algunos grupos de comunicación, como el Grupo Corripio, tienen varios canales de televisión (Teleantillas (canal 2); Telesistema (canal 11) de VHF y Coral, en el canal 39 de UHF) lo que incrementaría el índice de concentración.

Gráfico 55. Televisión: dominio del mercado

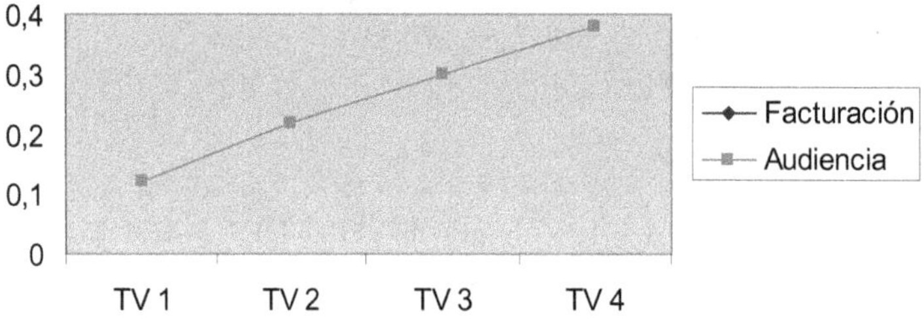

2.4. Televisión de pago (cable y satélite)

Lamentablemente no ha sido posible obtener muchos datos de la distribución del mercado del cable en República Dominicana. En el año 2007 se alcanzó una cifra aproximada de 380.000 suscriptores. La empresa más representativa del sector es Telecable, que posee cerca de 70.000 abonados. Está vinculada a la telefónica Tricom.

Grupo	Facturación (en millones U$s)	Porcentaje de facturación	Cantidad de Abonados	Porcentaje de mercado
Telecable			70.000	18,42%
Subtotal 2 operadores principales				
Total del mercado				100%
Razón de concentración de facturación (C_f)				
Razón de concentración de audiencia (C_a)				

2.5. Telefonía básica

La empresa Verizon dominaba en el año 2004, el mercado de telefonía básica. Con posterioridad a dicha fecha, en el transcurso del año 2006, la empresa fue absorbida por América Móvil del empresario mexicano Carlos Slim, y alcanzo en el año 2007, el dominio del 84% del mercado. Esta empresa es la que incumbente que resultó de la privatización de la estatal Codetel. La segunda empresa por tamaño de mercado es Tricom. Existe una alta concentración en la propiedad de la telefonía básica dominicana, en la que una vez más el dominio es ejercido por la empresa que se hace cargo de la empresa estatal.

Grupo	Facturación (en millones U\$s)	Porcentaje de facturación	Cantidad de Abonados	Porcentaje de mercado
CODETEL –Claro			743.000	82%
Tricom			145.000	16%
Otros				2%
Subtotal 4 operadores principales				
Total del mercado		100%	906.000	100%
Razón de concentración de facturación (C_f)				
Razón de concentración de audiencia (C_a)				1

Gráfico 56. Televisión Básica: dominio del mercado

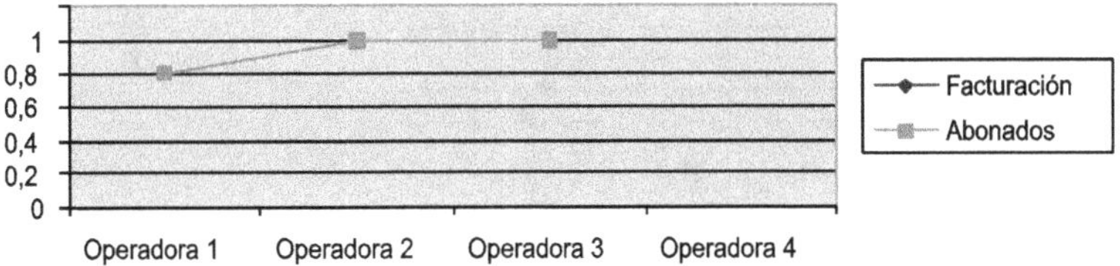

2.6. Telefonía móvil

En el mercado de telefonía móvil también se destaca la presencia de la ex empresa estatal CODETEL, que como se ha señalado pasó de Verizon a América Móvil. Esta empresa controla casi el 50% del mercado de la telefonía móvil. Las otras empresas importantes son Orange Dominicana de France Telecom, Tricom y Viva-Trilogy (ex Centennial). Se señala como inminente el ingreso de Telefónica. Se destaca que en el transcurso de 2004 a 2007, el mercado de celulares casi se ha duplicado, alcanzando en la actualidad la cifra de cinco millones y medio de abonados

Grupo	Facturación (en millones U$s)	Porcentaje de facturación	Cantidad de Abonados	Porcentaje de Mercado
Codetel - Claro				49,3%
Orange Dominicana				37,6%
Tricom				7,7%
Viva - Trilogy				5,4%
Subtotal 4 operadores principales				100%
Total del mercado		100%		100%
Razón de concentración de facturación (C_f)				
Razón de concentración de audiencia (C_a)				1

Gráfico 55. Telefonía móvil: dominio del mercado

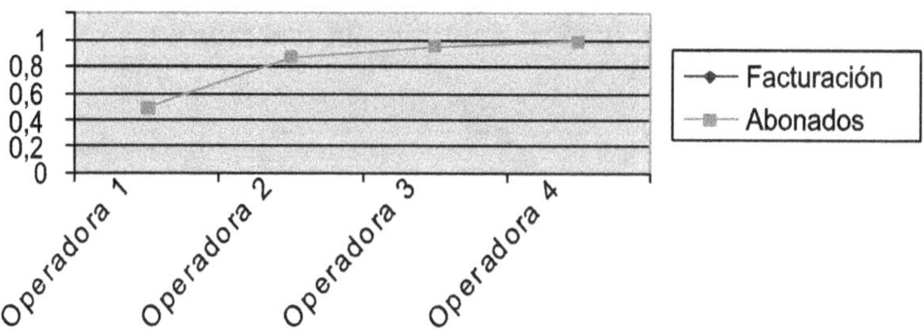

2.8. Análisis de la concentración en República Dominicana

Si bien existe un alto nivel en la concentración del consumo del sector info-comunicacional en República Dominicana, los datos obtenidos reflejan niveles más bajos que en los otros países de la región. De todas formas, sería bueno contar con más precisiones para arribar a conclusiones definitivas al respecto. Si existen varios pequeños grupos de comunicación que integran medios tanto a nivel horizontal como multimedia. La presencia del capital extranjero no parece importante. Está limitada al sector de las telecomunicaciones.

Gráfico 57. República Dominicana: dominio del mercado del primer operador

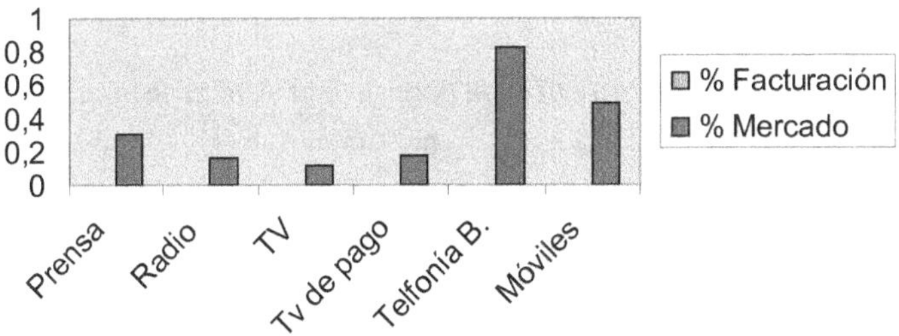

Si se toma como referencia el dominio de mercado del primer operador, se destaca que hay tres mercados donde no se alcanza el 20% del mercado (radio, televisión y televisión por cable). La radio presenta el nivel más bajo y la telefonía básica, un índice muy alto que aproxima al monopolio.

Al analizar los cuatro primeros operadores, se destaca que tanto la telefonía básica como la móvil alcanzan el máximo nivel de concentración posible. Por su parte, la prensa tiene un índice muy elevado. Distinto es el caso de la radio y la televisión donde los indicadores son relativamente bajos, debido a la gran fragmentación y dispersión de medios que hay en estos sectores.

Gráfico 58. República Dominicana: coeficiente de concentración

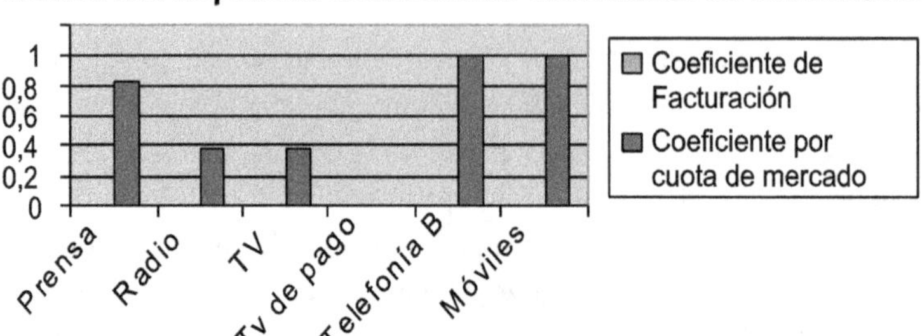

3. Los grupos de comunicación

En materia de estructura de grupos, República Dominicana se distingue por no tener un gran grupo de comunicación que haga sombra a los demás.

Si nuestro foco estuviera puesto en el poderío económico de los grupos, dentro del sector info-comunicacional no hay dudas que el más importante es CODETEL. Esta empresa domina los mercados de telefonía básica y móvil. Ha sufrido varios cambios en su estructura propietaria. Creada por capitales extranjeros en la década del 30, pasó luego a manos del estado Dominicano, para luego ser propiedad del grupo Bell Atlantic. En el año 2000 pasó a denominarse Verizon, y en el 2006 fue absorbida por el grupo Claro, del empresario mexicano Carlos Slim. Además de la telefonía domina el 70% del mercado de acceso a Internet por banda ancha. Ha desarrollado un servicio de videollamada y se alista para lanzar IPTV tal vez a fin del año 2008.

Si nos acotamos al universo de los medios de comunicación el grupo más importante es el autonominado Grupo Corripio, que cuentan con Teleantillas (canal 2); Telesistema (canal 11) y Coral, (canal 39). También ejerce la propiedad de dos emisoras de radio: HIJB, AM en el 830 del dial y con la 95.7, FM. En el ámbito de prensa controla el periódico matutino *Hoy*, el único vespertino del país *El Nacional*, así como un diario gratuito de escasa influencia *El Día*. El grupo está liderado por José Luis Corripio y tiene inversiones en los sectores industrial, comercial, y agropecuario. Corripio es el principal importador del país. Mantiene el monopolio en la pintura, y otros elementos del sector de la construcción. Tuvo una participación efímera en el sector financiero, como accionista de Banco del Progreso. Es interesante destacar que un miembro del grupo Corripio (Manuel Corripio Alonso, hijo de Corripio Estrada) figuró como accionista de la editora Listín Diario, desde el año 2000 hasta el año 2003. En el año 2000 el grupo Baninter adquirió el Listín. Se ignora si en la actualidad, el grupo Corripio mantiene acciones en esa empresa. A comienzos del siglo XXI sus ventas anuales superaban los treinta millones de dólares.

Otro grupo a destacar es Multimedios del Caribe, grupo integrado además por el diario *El Caribe*, *CDN La Radio* (92.5 FM), el canal de UHF CDN Canal 37, y OGM Central de Datos, el más grande archivo comercial de información periodística de República Dominicana. Los principales accionistas de Multimedios del Caribe son los empresarios de Santiago Félix García, Manuel Estrella, la Pontificia Universidad Católica Madre y Maestra y el Grupo Financiero Popular, a través de la empresa Amana.

Finalmente el importador de electrodomésticos Juan Ramón Gómez Díaz, ha logrado conformar una estructura multimedia que incluye a Telemicro, Canal 5, líder de la banda VHF, el canal en UHF Digital 15 y las radioemisoras Primera e Independencia FM.

Conclusiones

Luego de haber estudiado la estructura de los medios centroamericanos la primera conclusión que podemos arriesgar es que no existen demasiadas sorpresas en relación al nivel de concentración de la propiedad de los mismos. Si los escasos trabajos previos indicaban la existencia de un muy alto nivel de concentración de la propiedad del sistema de información y entretenimiento, estos datos fueron ampliamente corroborados. Por otra parte, también se ha podido verificar un alto grado de integración entre los intereses de las elites económica, política y mediática. Como ha señalado el informe Tendencias, la concentración mediática tiene un fuerte correlato con la estructura social y económica (coordinado por el académico español Bernardo Díaz Nosty). Una situación que sí resulta novedosa está marcada, desde la década del '90, por la continuidad de gobiernos surgidos de elecciones que garantizan niveles básicos de transparencia y pluralismo. Sin embargo, esa situación esperanzadora ha implicado una modificación en la relación entre los medios de comunicación y el poder político. En efecto, desde que se alcanzara mayor estabilidad institucional, se encuentran varios ejemplos de personas directamente vinculadas a la propiedad de los medios que se lanzan a la carrera política, incluyendo a varios candidatos presidenciales, algunos de ellos electos. Si bien esta práctica encuentra algunos antecedentes en épocas autoritarias, cabe preguntarse en qué medida la posesión de medios se torna un factor clave para la actividad política. Y en este sentido cobra mayor importancia aún el estudio de la concentración en la propiedad de los medios.

Más allá de la mencionada novedad institucional, también resaltan varias continuidades, de las cuales la primera es la fuerte concentración de la propiedad, como ya ha sido señalado. Otra continuidad esta dada por la enorme opacidad de los medios de comunicación a la hora de brindar información sobre sus intereses políticos y económicos. Al igual que en nuestra investigación sobre Sudamérica, ha sido muy difícil conseguir datos claros y certeros sobre la estructura de propiedad del sistema comunicacional. La información que se ha vertido en este libro es producto de varios chequeos cruzados que nos permiten confiar en su veracidad pero no en su absoluta certeza. Por otra parte, en muchos casos ha sido brindada por fuentes que han pedido estricta reserva de identidad. Las agencias estatales y los organismos reguladores son, en la mayoría de los casos, aún menos transparentes que en el caso sudamericano. La información que brindan es muy fragmentada y carente de una mínima sistematización.

Otro elemento que no ha resultado sorprendente es la marcada concentración geográfica de los medios centroamericanos. Especialmente en el caso de la prensa y la producción televisiva existe una altísima concentración de la ubicación de los medios en las ciudades capitales. Dado el carácter comercial de los medios, y su dependencia del financiamiento publicitario, sólo en las grandes urbes se alcanzan las escalas productivas necesarias para lograr un equilibrio económico. El resto del país queda condicionado a recibir la información y los productos culturales del centro. De esta manera la riqueza y la diversidad cultural de los países se ven amenazadas.

Este problema se ve incrementado por la carencia de medios públicos fuertes e independientes del poder político que pudieran brindar una programación más balanceada. En términos generales se observa la escasa presencia de los medios estatales.

En la estructura del mercado de medios no se observan grandes cambios desde la irrupción de la televisión. Este medio se ha tornado en el más importante económicamente y en términos de audiencia en los grandes centros urbanos. La prensa ha perdido una parte de su participación en relación a los ingresos publicitarios pero mantiene un fuerte peso en la definición de la agenda periodística. Se destaca la escasa presencia cuantitativa de la prensa escrita en la mayoría de los países. La radio es el medio de menor importancia económica, pero es el que garantiza su llegada al conjunto de la población, incluso en las zonas menos densamente pobladas. También en términos cuantitativos es el medio más importante: el número de emisoras de radio supera ampliamente la cantidad de diarios y televisoras, dado que sus bajos costos de producción y funcionamiento son muy bajos.

El mercado publicitario oscila entre seiscientos cincuenta y setecientosmillones de dólares. Los países con mayor gasto en publicidad son Costa Rica, Guatemala, Panamá y República Dominicana, seguidos en un segundo orden por El Salvador y Honduras, mientras que el mercado nicaragüense es mucho más pequeño que el resto. En promedio, se calcula que la inversión publicitaria representa entre el 1 y el 2% del PBI de la región. Como se ha señalado La televisión abierta y generalista es la que recibe el mayor flujo de la inversión publicitaria, seguida por la prensa. La televisión abierta es, consecuentemente, el sector que mayor facturación aporta al conjunto de las industrias culturales y la más importante de ellas en términos económicos.

Como última conclusión general cabe destacar la lenta incorporación de las nuevas tecnologías de la información y la comunicación. Con la excepción de la telefonía móvil, en el año 2004 todavía eran pocos los centroamericanos que disponían de computadora y acceso a Internet en sus hogares, y la penetración de la banda ancha, se observaba extremadamente baja. Si bien en los últimos años existieron algunos proyectos para promover la difusión de estas nuevas tecnologías el proceso se daba de forma más pausada que en la mayoría de los países de América Latina.

Las palabras que siguen a continuación pretenden sistematizar y comparar la información recabada en los distintos países. Para ello hemos dividido las conclusiones de acuerdo a las tres etapas de la investigación: estudio de estructura de mercado; medición de los niveles de concentración; y por último elaboración de un índice de concentración (IC) y análisis de los principales grupos info-comunicacionales. Una vez sistematizada la información y alcanzadas las conclusiones parciales de cada etapa, la investigación intenta encontrar los unas palabras finales que enumeran los principales hallazgos y deja preguntas abiertas sobre el futuro del sector info-comunicacional en la región.

Estructura de los mercados culturales y de las telecomunicaciones en América Central

Como ha sido desarrollado en la introducción, consideramos que no puede analizarse la estructura de los mercados info-comunicacionales en América Central sin considerar brevemente el contexto socioeconómico en el que se desarrollan. Las economías centroamericanas se han caracterizado durante muchos años por ser productoras de materias primas que eran comercializadas en condiciones desiguales con los países desarrollados, especialmente los Estados Unidos. La estrecha relación económica con el gran vecino del norte tuvo consecuencias políticas, con una constante influencia política de la primera potencia mundial, que llegó a límites extremos de invasiones y derrocamientos de gobiernos constitucionales. De esta forma, existieron numerosos gobiernos autoritarios y una perdurable inestabilidad política, que daba cuenta de las cuenta de las contradicciones de los grupos hegemónicos locales en relación al poder norteamericano. De lo que no hay dudas, es que la estructura socioeconómica estaba consagrada por la existencia de unas pocas familias terratenientes que controlaban el poder económico y político local, mientras que la mayoría de la población permanecía sumergida en la pobreza, sin acceso a muchos de los bienes y servicios considerados elementales. Ante esta situación, casi todos los países (con la excepción de Costa Rica) asistieron al surgimiento de insurrecciones armadas que derivaron en nuevos ciclos de autoritarismo y pobreza.

En los últimos años del siglo XX tuvieron lugar diversos cambios económicos y políticos. Los acuerdos de paz, establecieron un piso elemental para que la región iniciara un lento pero constante proceso de crecimiento económico. Dicho proceso implicó además cambios en la estructura económica, con un proceso de diversificación a partir del desarrollo del comercio, el sector bancario e incluso servicios como las telecomunicaciones. Pese al incipiente proceso de desarrollo no se observan por ahora importantes modificaciones en la estructura social, debido a que las políticas de distribución de la riqueza o bien has sido insuficientes o bien no han existido.

Por el contrario, la influencia norteamericana se manifestó en la aplicación de las políticas impulsadas por el llamado "Consenso de Washington", que brindo el sustento ideológico para una importante transformación que en la mayoría de los casos implicó que los Estados Nacionales se desprendieran de empresas y activos, especialmente en el sector de las telecomunicaciones, y se consolidara el predominio del mercado en la producción y distribución de bienes y servicios culturales y comunicacionales.

En relación con el objeto de nuestra investigación, cabe destacar que si bien algunos índices de acceso tecnológico mostraron crecimiento en los 90, también se aprecia que la posibilidad de un consumo cultural diversificado queda limitada a una porción minoritaria de la población, agravándose la fractura sociocultural en función del tipo de acceso de diferentes sectores sociales a los bienes simbólicos.

En este marco, el principal crecimiento del acceso se verifica en el sector telefónico, mientras que los consumos culturales masivos se vinculan principalmente con aquellas industrias que no exigen un pago directo, como la radio y la televisión. En el caso de la telefonía, sólo se aprecia un vertiginoso crecimiento en el sector de los teléfonos móviles, vinculados en un altísimo porcentaje a sistemas de tarjetas prepagas. Si bien no hay dudas que esto implica una importante mejora de las condiciones de acceso a servicios telefónicos, es preciso a la vez llamar la atención las limitaciones que presenta dicho sistema para el despliegue de telefonía de tercera generación, con una gama de servicios mucho más amplia que la mera transmisión de voz.

Como en el resto de América Latina, también en Centroamérica el sector privado tuvo una clara supremacía sobre el Estado en la producción y distribución de los productos culturales. Esta primacía derivó en una fuerte influencia del financiamiento publicitario de los medios masivos de comunicación.

Debido a la fuerte desigualdad económica existente, pero especialmente al significativo porcentaje de la población que se halla en condiciones de pobreza y extrema pobreza, las ramas de la producción cultural no vinculadas al soporte publicitario muestran un desarrollo sustantivamente menor. De esta forma se verificó un consumo acotado a los medios masivos en las clases populares y un consumo de mayor diversidad en las clases más acomodadas. La expansión del mercado en los 90 no parece haber modificado sustantivamente esta característica.

Se constata una presencia importante de la radio en la mayoría de los hogares de la región como medio masivo de información y entretenimiento, aunque su importancia económica es claramente inferior.

Las industrias culturales vinculadas al pago directo de los consumidores como el libro, el disco, el cine y la televisión por cable presentan, en la mayoría de los casos, bajos volúmenes de facturación y un acceso muy restringido. En todos los casos ha sido muy difícil contar con datos precisos, dado que su escasa incidencia económica no ha generado que tanto organismos nacionales como internacionales hayan procurado su medición.

Finalmente, si bien el sector de las telecomunicaciones experimentó un fuerte crecimiento en la década del 90, los índices de penetración del servicio son bajos en comparación con los de los países del resto de América Latina. De todas formas, el sector telefónico es el más importante del sector info-comunicacional, y en los casos donde fue posible contar con datos, su volumen de facturación supera a la del conjunto de las industrias culturales (Ver Tabla 1).

Tabla 1: Facturación de las industrias culturales (prensa, radio, televisión abierta y de pago) y de las telecomunicaciones en la región. Millones de dólares

Tabla 1	Ind. Culturales	Ranking	Telecomunicaciones	Ranking	Total	Ranking
Costa Rica	107,70	6	426,76	5	451.36	5
El Salvador	265.32	3	Estimado 630,00	3	895,00	3
Guatemala	486,19	1	Estimado 830,00	2	1316,00	1
Honduras	177,53	5	Estimado 180,00	6	357,00	6
Nicaragua	82,18	7	104,41	7	186,59	7
Panamá	245,56	4	515,00	4	760,56	4
Rep. Dom.	270,66	2	964,00	1	1234,66	2

Hay que subrayar que si bien el financiamiento publicitario es uno de los principales generadores de recursos económicos (además del pago directo por el consumo telefónico), el tamaño del mercado publicitario es muy pequeño. Si se comparan los 700 millones de dólares anuales de la región con los que consigna el informe "Advertising expenditure forecast" editado por al consultora Zenith Optimedia para 2004, queda claro su reducido tamaño. 700 millones frente a los 168.000 millones de Estados Unidos y Canadá, los 104.000 millones de Europa, o incluso de los 15.000 de América Latina en su conjunto. En dicho informe mundial sobre la inversión publicitaria sólo se destaca Panamá por el alto porcentaje que ocupa la publicidad en relación al PBI del país, que alcanza el 1,61% ocupando el tercer lugar en el mundo.

De acuerdo a la facturación total (publicidad + ventas) de las industrias culturales, se destaca Guatemala con casi quinietos millones, que alcance el primer lugar gracias al alto impacto que tiene el mercado televisivo en dicho índice. En un rango medio se ubican países como República Dominicana, Panamá y el Salvador que obtienen entre doscientos y trescientos millones, mientras que en Honduras, Costa Rica y Nicaragua, la facturación registrada no alcanza los 200 millones para el año 2004. Es preciso recordar en este punto que la disparidad de la muestra obtenida y de las fuentes de las que proceden los datos originales, pueden relativizar levemente la comparación, aunque la labor de validación efectuada y las observaciones de colegas y especialistas en los distintos países permiten apreciar a la muestra como suficientemente representativa de lo que ocurre en la región. También es preciso recordar que en este caso, no pudo ser relevada los ingresos provenientes de los sectores del libro, el disco y el cine.

Acceso

Como se señalo en el párrafo anterior, no fue posible acceder a los datos de los sectores del libro, el disco y el cine. En el caso del libro, se recabo un crecimiento de la industria editorial en República Dominicana, mientras que en el caso del cine se verifica un pequeño crecimiento en Costa Rica, especialmente por participar en fondos de coproducción iberoamericanos como Ibermedia. Del sector del disco, los registros de la Federación Internacional de la Industria Discográfica (IFPI por su sigla en inglés) dan cuenta de la venta de tres millones de unidades de CD para toda la región centroamericana (sin República Dominicana). El mero hecho de que no existan registros discriminados por país muestra la poca importancia que se le asigna a la región en la industria. Si consideramos que en el año 2004 la región tenía más de 38 millones de habitantes, un simple cálculo basta para verificar que menos de uno de cada diez centroamericanos compra un CD una vez al año. Si es importante considerar que en los propios archivos de la IFPI se destaca la enorme incidencia que tienen las ventas por canales no formales, que evidentemente no son registrados. La IFPI calcula que el 50% del acceso a la música grabada se produce por ventas en circuitos informales.

En el resto de los sectores, en términos de acceso se verifica un panorama muy diverso en los distintos países analizados en la investigación. Como se ha señalado anteriormente, se aprecia la presencia cotidiana y gratuita de la radio y la televisión en los hogares centroamericanos. De todas formas se destacas que en el caso de Honduras y Guatemala la cantidad de apartaos de televisión es muy baja de acuerdo a las estadísticas recogidas. Por el contrario, en El Salvador y Costa Rica la presencia de la televisión supera a la de un aparato por hogar en promedio, mientras que en Honduras existe la más alta penetración relativa de la radio.

Al pasar a analizar los medios de comunicación que implican desembolso de dinero para su acceso, la situación cambia radicalmente. En el caso de la prensa se destacan Panamá y Costa Rica. Pese a que son países menos poblados que otros como Guatemala y República Dominicana, en varios rubros alcanzan los mayores índices de penetración total. De esta forma comenzamos a ratificar conclusiones alcanzadas en investigaciones realizadas en años anteriores (Mastrini-Becerra, 2006) en el sentido de que el acceso a los bienes info-comunicacionales onerosos, está directamente relacionado a la capacidad económica del país y especialmente a la distribución de la riqueza.

El acceso a la televisión de pago es muy bajo en toda la región. Si bien en los últimos años se ha registrado un crecimiento importante del sector, para el 2004 la cantidad de abonados, tanto absoluta como cada mil habitantes, era sustantivamente menor a los indicadores observados para el resto de América Latina. La principal diferencia radica en que se trata de una rama cuyo desarrollo masivo tuvo lugar en la década del 90 en la región (pese a que sus antecedentes pueden hallarse a finales de los sesenta en los países pioneros). Por consiguiente, su estructura económica está directamente vinculada al mercado y al pago directo de los consumidores. En parte por su juventud y en parte por su costo, es la industria cultural con menor índice de penetración.

Finalmente, el acceso a los servicios de telecomunicaciones es todavía muy bajo. Pese a los procesos de privatización desarrollados en casi todos los países centroamericanos el número de líneas fijas sigue siendo muy bajo. En la mayoría de los países la telefonía fija se mantuvo estancada, debido a que los principales operadores centraron sus esfuerzos en el despliegue de la telefonía móvil. Paradójicamente, o no tanto, el único país que mantiene el monopolio estatal sobre la telefonía básica, Costa Rica, es el que presenta el mayor índice de penetración telefónica de América Central. Este dato cobra mayor dimensión si se considera que en América del Sur, el único país con monopolio estatal (Uruguay) también es el de mayor cantidad de líneas fijas instaladas cada mil habitantes.

Precisamente la telefonía móvil ha sido el único sector de los estudiados que ha mostrado un significativo incremento. De hecho puede señalarse que su crecimiento exponencial se ha mantenido incluso después del 2004, año de nuestro estudio. Si bien todavía no es posible hablar de un acceso universal, los índices de penetración soy muy elevados. De hecho en todos los países estudiados, con la excepción de Costa Rica, en el año 2004 existían más líneas móviles que fijas. Claro que este fenómeno ha sido posible a partir de la introducción de mecanismos de prepago, que permiten a los usuarios controlar notablemente el gasto. También es importante destacar que los aparatos receptores, la mayoría de ellos muy económicos, dificultan el paso a tecnologías telefónicas de tercera generación.

Finalmente en el caso de Internet, se destaca una bajísima penetración de Internet en los hogares centroamericanos. Sólo en el caso de Costa Rica se aprecian indicadores que permiten hablar de un acceso que trasciende a la elite del país. Particularmente en los casos de El Salvador, Guatemala y Honduras, el acceso a Internet en el año 2004 era todavía extremadamente bajo, con menos del 1% de los habitantes con acceso directo a Internet.

El conjunto de datos sobre el sector de las telecomunicaciones cobra mayor importancia, si se consideran los discursos existentes que proclaman el advenimiento de una Sociedad de la Información, donde la conectividad constituye un elemento central en la obtención / construcción de la ciudadanía.

Cuadro 1: Acceso al sector info-comunicacional cada 1000 habitantes
en la región

	Costa Rica	El Salvador	Guatemala	Honduras	Nicaragua	Panamá	Rep. Dominicana
Prensa	20.671	12.424	15.343		6.791	23.488	8.968
Radio	198	989	132	160		179	293
TV	492	618	98	78	136	166	201
TV de pago	29	24	27	80	12	20	69
Telef. Básica	814	131	91	54	42	134	106
Telefonía Móvil	217	279	256	99	218	370	288
Internet	204	9	4	3	27	62	12

Cuadro 2: Acceso total al sector infocomunicacional

Acceso Total	Costa Rica	El Salvador	Guatemala	Honduras	Nicaragua	Panamá	Rep. Dominicana
Prensa	87.822.000	83.950.000	190.080.000		34.920.000	74.503.435	78.840.000
Radio	842.000	6.683.768	1.633.186	1.146.103		568.564	2.580.000
TV	2.090.875	4.177.355	1.214.184	561.357	699.713	525.979	1.765.000
TV de pago	122.500	164.000	330.000	573.000	60.000	65.000	602.291
Telef. Básica	3.458.263	888.000	1.132.000	387.314	214.400	424.000	936.155
Telef. Móvil	921.920	1.883.000	3.168.000	707.201	1.119.000	1.174.000	2.534.063
Internet	866.506	61.240	51.000	22.227	140.000	196.000	106.296

Tal como lo realizáramos en nuestro anterior trabajo para América del Sur y México, creemos que es sumamente útil tomar como referencia de la capacidad de acceso el Índice de Desarrollo Humano elaborado por el PNUD (Programa de las Naciones Unidas para el Desarrollo). En la Tabla 2 se compara la posición en dicho índice con el nivel de acceso por persona en tres de los mercados analizados. Para que la muestra resulte representativa, se considera un mercado del sector de la edición (prensa), otro del audiovisual continuo (televisión), y finalmente un tercero de las telecomunicaciones (telefonía básica).

Tabla 2: Ranking PNUD y acceso per cápita

Posición PNUD Año 2005	Venta Diarios c/1.000 habs.	Televisores c/ 1.000 habs.	Líneas de teléfono c/ 1.000 habs.	Promedio[1]
1. Costa Rica (48)	2	2	1	1
2. Panamá (62)	1	4	2	2
3. Rep. Dom. (87)	4	3	4	4
4. El Salvador (103)	5	1	3	3
5. Nicaragua (110)	6	5	7	7
6. Honduras (115)	-	7	6	6
7. Guatemala (118)	3	6	5	5

Del análisis de la Tabla 2 se desprende que existe una importante correspondencia entre el Indicador del Desarrollo Humano elaborado por el PNUD, y los niveles de acceso a los bienes y servicios del sector info-comunicacional en América Latina. De hecho, los listados y posiciones coinciden en los cuatro primeros lugares y en los tres últimos, aún con algunas diferencias al interior de los mencionados subgrupos. Sí resulta importante mencionar que de todas formas se observan mayores diferencias entre las posiciones de en el IDH y el acceso a medios en América Central que en América del Sur y México.

En términos generales, se confirma que el acceso total depende de la combinación del tamaño de mercado con el promedio de acceso, mientras que el acceso relativo por habitante, depende de la estructura social de los países.

Facturación

Si se contempla en un plano comparativo la facturación en lugar del acceso, la situación se observa el mayor volumen económico de las telecomunicaciones respecto a los medios de comunicación. Lamentablemente no ha sido posible obtener datos precisos de la facturación telefónica en tres países, hecho que determina que una parte de la comparación quede trunca, dado que los números que presentamos para Guatemala, El Salvador y Honduras, son estimativos.

Si se analiza la facturación global de los medios de comunicación se destacan por su importancia Guatemala, República Dominicana y El Salvador. Costa Rica y Panamá ocupan un lugar intermedio, mientras que los niveles de ingresos generados por los medios son bajos en Honduras y, especialmente, Nicaragua.

Si se considera la facturación por habitante, se destaca Panamá con altos índices de inversión publicitaria. Como se ha mencionado, Panamá se destaca en las estadísticas mundiales, por la gran cantidad de dinero invertido en publicidad por habitante. Guatemala se destaca por el volumen absoluto de la inversión publicitaria, pero dado que es también el país con mayor población, la inversión publicitaria per cápita se moderada. Tanto por los valores absolutos como por los valores por habitante, Nicaragua presenta las industrias culturales más modestas de la región. Costa Rica, República Dominicana y El Salvador, presentan indicadores medios en relación a los ingresos per cápita en materia de publicidad.

El balance general indica que al tratarse de países con baja cantidad de habitantes, de los cuales una importante cantidad se halla sumida en condiciones de pobreza y extrema pobreza, sus condiciones demográficas y socioeconómicas, no facilitan el desarrollo de industrias culturales fuertes. No es posible encontrar un sector cultural con gran capacidad de generar contenidos diversos y originales, debido a que el tamaño del mercado no alcanza las economías de escala necesarias para rentabilizar las inversiones necesarias. Por otra parte, tampoco existe una tradición de medios públicos fuertes que cumpla dicha tarea. Si se aprecian industrias culturales medias, con capacidad de alcanzar a franjas de población con capacidad de pago y de explotar las dimensiones del mercado publicitario.

Si bien, como se verá más adelante, en este caso se puede establecer una relación entre los niveles de facturación cada mil habitantes y los indicadores de desarrollo humano del PNUD, también hay mercados que por su funcionamiento específico, presentan características originales. Es el caso, por ejemplo, de la inversión publicitaria de la televisión (cada mil habitantes) en Panamá que alcanza números muy superiores a los del resto de los países. En general el índice del PNUD permite apreciar que una situación de relativo bienestar social y educativo favorece el desarrollo de las industrias culturales. Si esta situación se combinase con mercados de mayores dimensiones, se podría estimula la formación de economías de escala, por lo que estos mercados llegarían a alcanzar una estructura económica más fuerte. Son los casos de Costa Rica, Panamá y, en menor medida, República Dominicana.

Como se ha señalado, aun con datos incompletos, estamos en condiciones de afirmar que la telefonía es el sector que aporta el mayor volumen de facturación, exhibiendo una dimensión económica sustantivamente mayor que las industrias culturales. Cabe consignar que esta diferencia entre las telecomunicaciones y las industrias culturales seguramente se acrecentó en los últimos años a partir de un fuerte incremento en el desarrollo de la telefonía celular.

No obstante, hay un elemento fundamental que matiza esta cuestión. En la mayoría de las industrias culturales relevadas, sólo ha sido posible obtener los ingresos por inversión publicitaria y por lo tanto los números consignados son menores a los reales. Por ejemplo en el caso de la prensa falta consignar en muchos casos los ingresos generados por la venta de ejemplares. También en el caso de la televisión de pago fue casi imposible contar con datos confiables de los ingresos generados durante el año 2004 en cada país. Sin dudas la televisión es la principal industria cultural por sus niveles de facturación, que en la región proviene mayoritariamente de la publicidad, por lo que sus cifras y, lo que es más importante, la relación entre magnitudes, no se ve alterada por esta ausencia de datos, con excepción del sector de la prensa escrita.

La capacidad económica de la televisión de pago es todavía menor. Si bien en los últimos años hay coincidencias que el sector ha entrado en una fase de crecimiento, variable según los países, es un sector que tiene encuentra su límite en la pobreza existente en amplias franjas de la sociedad centroamericana.

Cuadro 3: Facturación Total *(en millones de dólares)*

Facturación Total (millones de dólares)	Costa Rica	El Salvador	Guatemala	Honduras	Nicaragua	Panamá	Rep. Dominicana
Prensa (pub.)	$ 45,90	$ 117,30	$ 110,11	$ 53,75	$ 20,93	$ 49,44	$ 59,17
Radio (pub.)	$ 18,60	$ 10,36	$ 10,70	$ 14,91	$ 9,71	$ 10,00	$ 34,53
TV (publicidad)	$ 42,00	$ 137,27	$ 321,94	$ 108,87	$ 40,74	$ 153,88	$ 176,96
TV de pago			$ 43,44		$ 10,80	$ 27,00	
Telefonía básica	$ 233,00	(E) $ 200,00	(E) $ 230,00	(E) $ 50,00	$ 104,41	$ 215,00	$964,00
Telefonía Móvil	$ 228,36	(E) $ 430,00	(E) $ 600,00	(E) $ 130,00		$ 300,00	

Nota: los datos correspondientes a la facturación del sector telefónico en Nicaragua y República Dominicana corresponde a la sumatoria de la telefonía móvil y fija. No se consiguió el dato segmentado. Los datos del sector telefónico en El Salvador, Guatemala y Honduras son estimados y por lo tanto no se realiza la comparación correspondiente (verde valor más alto, rojo valor más bajo)

Cuadro 4: Facturación por persona *(en dólares)*

Facturación por persona (dólares)	Costa Rica	El Salvador	Guatemala	Honduras	Nicaragua	Panamá	Rep. Dominicana
Prensa (pub.)	11	17	9	7	4	17	7
Radio (pub.)	4	2	1	2	2	3	4
TV (publicidad)	10	20	26	15	8	49	20
TV de pago			4		2	9	
Telef. básica	55	30	19	7	20	68	
Telef. Móvil	54	64	48	18		95	

Al relacionar la facturación por persona del sector info-comunicacional con la posición de los países en el indicador de desarrollo humano del PNUD, se aprecia que esta es más desordenada que en el caso del acceso. Nuevamente es la televisión la que menos se corresponde con la tabla del PNUD.

Tabla 3: relación entre Índice PNUD y facturación

Posición PNUD Año 2005	Prensa. Facturación por persona al año. (U$S)	Televisión abierta. Facturación por persona al año. (U$S)
1. Costa Rica (48)	3	6
2. Panamá (62)	1	1
3. Rep. Dom. (87)	5	3
4. El Salvador (103)	1	3
5. Nicaragua (110)	4	2
6. Honduras (115)	5	5
7. Guatemala (118)	7	7

Importancia económica

Si se analiza la importancia económica del sector info-comunicacional en relación con el Producto Bruto de los países, se aprecia que el sector condensa actividades cada vez más medulares en la estructura económica. Teniendo en cuenta estas limitaciones, no es osado afirmar que el aporte las industrias culturales al PBI se acerca al 2% como promedio en la región, aunque sólo Honduras supera dicha cifra. El sector de las telecomunicaciones registra una incidencia económica superior, y su aporte supera el 3% del PBI. También es preciso señalar que dado que es muy difícil dimensionar el aporte económico de Internet, en muchos países no fue posible incluir su facturación en la presente investigación, aunque sin dudas contribuiría a aumentar la participación de las industrias info-comunicacionales en las economías nacionales en futuras mediciones.

De esta manera, sumadas las industrias culturales y las telecomunicaciones como actividades que conforman el sector info-comunicacional, se advierte que para el año 2004 la importancia económica se aproximaba al

5% del PBI en el conjunto de los países estudiados. Estos datos seguramente se han incrementado, especialmente por los incrementos registrados en el sector de la telefonía móvil e Internet.

Dentro del panorama general se destacan la importancia para la economía nacional de las industrias culturales en Panamá, Honduras y Nicaragua. El sector telefónico es todavía más importante y alcanza sus cotas más altas en Panamá y República Dominicana.

Finalmente, por importancia del conjunto del sector info-comunicacional, se destaca nuevamente Panamá, donde el aporte supera el 5% del PBI. El contraste está marcado por el caso costarricense, donde el aporte a la economía del sector info-comunicacional es bajo.

Tabla 4: peso porcentual del sector info-comunicacional en la economía

	Ind. Culturales	Telecom.	Total
Costa Rica	0,58	2,48	3,06
El Salvador	1,43	3,39	4,82
Guatemala	1,77	3,02	4,79
Honduras	2,57	2,61	5,18
Nicaragua	1,83	2,32	4,15
Panamá	1,79	3,76	5,55
Rep. Dominicana	0,92	3,29	4,21

Cabe señalar que otra dimensión sumamente importante pero que no puede ser abordada en este análisis, es la relación de las industrias info-comunicacionales con su potencial para generar empleo como un valor económico-social primordial.

A partir del cotejo analítico del conjunto de las industrias info-comunicacionales en América Latina, realizamos una clasificación de los países teniendo en cuanto las variables principales que han estructurado este informe: el volumen de facturación, el acceso a los bienes y el tamaño del mercado, junto al índice de desarrollo humano del PNUD.

De acuerdo a la capacidad económica y a su desarrollo potencial, se hemos planteado una caracterización de las industrias info-comunicacionales en las siguientes características: de desarrollo consolidado, de desarrollo potencial, y las de escaso desarrollo. Como se ha señalado, la combinación de un tamaño de mercado insuficiente con franjas de la población marginadas de la mayoría de los consumos culturales pagos, no nos permiten establecer en ningún caso la categoría de industrias info-comunicacionales consolidadas. Si bien algunos países han alcanzado un volumen de facturación superior a la media, no se evidencia capacidad productiva original (en el caso de la televisión) ni volúmenes de ingresos que se aproximen al promedio de los países latinoamericanos. En las de desarrollo potencial se encuentran aquellos cuyos niveles de facturación y acceso se ubican en los valores más altos de la región. Finalmente, clasificamos entre los de escaso desarrollo aquellos países cuyas industrias info-comunicacionales presentan un bajo volumen de facturación y el acceso de la población a los bienes y servicios comunicacionales es muy bajo.

Cinco países quedan ubicados en la zona de desarrollo potencial: Costa Rica, El Salvador, Guatemala, Panamá y República Dominicana. Es importante distinguir entre la situación de El Salvador, Guatemala y República Dominicana por un lado, y la de Costa Rica y Panamá por el otro. En el caso de los tres primeros países, sus mercados son susceptibles de crecimiento dado que son los que cuentan con la mayor cantidad de habitantes y por lo tanto con los mercados más grandes. Incluso en el caso de República Dominicana, no sólo es uno de los más habitados, sino uno de los que tiene mejores niveles de ingresos de la región. Estas características son muy importantes para iniciar el desarrollo de las industrias culturales. En el caso de Costa Rica y Panamá se destaca tanto que la población presenta un consumo más elevado de bienes y servicios del sector info-comunicacional, pero como se trata de mercados pequeños, se dificulta la aparición de economías de escala.

Finalmente, en los casos de Nicaragua y Honduras, la situación de las industrias del sector info-comunicacional presenta, comparativamente con los otros países estudiados, un escaso desarrollo. Con la excepción de la televisión que logra mayores ingresos a través de la publicidad, el resto de las ramas se encuentra muy por debajo de la media tanto en los niveles de facturación como de acceso. Incluso en la televisión, los ingresos no permiten el desarrollo de mayores niveles de programación nacional. Para que sea factible el crecimiento de las industrias culturales en estos países es necesario contar en primer lugar con economías más fuertes e importantes y en segundo lugar con políticas que estimulen una mayor equidad en la distribución de los ingresos, con el objetivo de facilitar la entrada de más ciudadanos al consumo. En el caso de Nicaragua y Honduras, tanto el tamaño del mercado como la distribución de la riqueza regresiva (aún dentro de los patrones distributivos de la región, que se caracterizan por su inequidad), dificultan que las industrias info-comunicacionales adquieran al menos una talla regular en el futuro cercano.

Tabla 5: clasificación de países según estructura de mercado

	Por Tamaño de mercado	Por niveles de acceso
Industrias consolidadas		
Desarrollo potencial	Guatemala República Dominicana El Salvador	Panamá Costa Rica
Escaso desarrollo		Nicaragua Honduras

La concentración del sector info-comunicacional

Como se ha señalado desde la introducción, los procesos de concentración de medios en América Latina en general, y en América Central en particular, no son nuevos ni desconocidos. Desde sus inicios, la prensa escrita, la radio y la televisión tuvieron estrechos vínculos con el poder económico y político. Dado que los poderes fácticos en Centroamérica estuvieron fuertemente concentrados en torno a una elite, no es de extrañar que el mismo camino hayan seguido los medios de comunicación. Sin embargo, el presente estudio logra mensurar por un lado el impacto de estos procesos y por otro, distinguir analíticamente una tendencia que forma parte de la historia de los medios en la región, de sus transformaciones que profundizaron su importancia en las últimas décadas. Porque si bien los procesos de concentración no son nuevos, sí es nueva su magnitud y su influencia en diversas áreas que exceden con creces al sector de medios de comunicación.

Por su parte, las telecomunicaciones en general se desarrollaron con fuertes inversiones de los Estados nacionales o en menor medida de inversores extranjeros, tanto porque se requerían grandes cantidades de capital para su desarrollo como porque los gobiernos autoritarios de la región procuraron controlar directamente un servicio considerado estratégico para la seguridad interior. Este panorama comenzó a cambiar en la década del 90 cuando bajo el denominado "Consenso de Washington" se estimularon, entre otras, políticas privatistas que promovían la enajenación de las empresas en manos del Estado. Las empresas prestadoras de servicios públicos telefónicos ocuparían un lugar destacado en los procesos de privatización centroamericanos. Cabe destacar que en todos los casos (con la excepción de Costa Rica, que todavía no culminó el proceso) la telefonía quedo en manos de capitales extranjeros. Como se verá más adelante, la privatización no implicó el sector pasara a tener un funcionamiento competitivo, sino simplemente se paso de monopolios estatales a oligopolios privados. De hecho una de las conclusiones del presente trabajo es alertar sobre la constitución de un virtual duopolio constituido por las empresas América Móvil (Claro) y Telefónica (Movistar) que ya tienen presencia dominante en la mayoría de los países centroamericanos.

Estos elementos deben analizarse conjuntamente con un factor histórico: la dificultad por parte de los Estados para establecer políticas claras, que favorezcan algún grado de participación de la sociedad en su definición. Puede afirmarse al respecto que ha sido el mercado el que ha fijado de hecho las principales estrategias en el sector info-comunicacional, para que con posterioridad el Estado ajuste el marco regulatorio a dicha situación.

Índice de concentración

Intentar medir el nivel de concentración del sector info-comunicacional en América Central, resultó una tarea mucho más ardua de lo previsto. Como se consignó en la Introducción, resultó sumamente difícil acceder a datos sistematizados por lo que hubo que recurrir a múltiples fuentes que, por supuesto, no utilizaron la misma metodología para la recolección de los datos. Más allá de estas limitaciones metodológicas, entendemos que los resultados alcanzados permiten tener un excelente panorama de la situación del sector info-comunicacional. Si bien en algún caso puntual, puede existir alguna desviación (por la disparidad de metodologías aplicadas por las fuentes en un sector de la industria en dos países diferentes, por ejemplo), estamos convencidos que el mapa de la concentración no difiere sustantivamente del que a continuación se mostrará. Cabe consignar, finalmente que la opacidad de las hemos registrado que en el sector de las industrias culturales ha sido más fácil contar con datos de facturación que con datos que magnifiquen la cuota de mercado, mientras que en el caso de las empresas de telecomunicaciones ha sido diametralmente opuesto, y ha sido posible conseguir números que den cuenta del reparto de los abonados a sus servicios, pero en muy pocos casos hemos podido registrar como se reparten los ingresos. Estas dificultades deben ser tenidas muy en cuenta cuando se efectúan las comparaciones ya que la presencia o no de un determinado sector implica cambios en el índice de concentración general, dificultando las comparaciones posteriores.

Del análisis del nivel de concentración alcanzado por el primer operador (Cuadros 5 y 7) de cada mercado, se observa un fenómeno que aparecerá recurrentemente en el análisis: la radio es el sector menos concentrado y la telefonía básica el más concentrado y que cuenta con niveles más bajos de concurrencia de actores. El hecho de contar con tres países con monopolios en el año 2004. En los países que ya presentaban competencia en el sector de la telefonía básica, también los índices de concentración del primer operador son excesivamente altos, superando el 80% del mercado. Un atenuante a tan elevado nivel, puede estar dado porque en la mayoría de los casos los procesos de privatización se hallaban en su fase inicial. También en el caso de la telefonía móvil los índices de concentración son muy altos y en todos los casos alcanzan el máximo nivel posible para los cuatro primeros operadores, pero se registran indicadores más bajos.

Al considerar los distintos países, se aprecian índices de dominio del primer operador existe una marcada diferencia entre el sector de las telecomunicaciones (donde como se ha señalado superan el 80% del mercado) y las industrias culturales donde los índices de concentración del primer operador se ubican en casi todos los casos entre 0,1 y 0,5. Sin embargo no se aprecia una marcada tendencia por país, sino que en unos países la concentración es más alta en un mercado, y en otros en otro. A diferencia de América del Sur, no es tan claro que los países con mayor cantidad de habitantes tengan menores índices de concentración (en lo que hace a dominio del primer operador) que aquellos con poblaciones más reducidas. De todas formas es importante considerar que hay menos diferencias en la estructura demográfica centroamericana (con un mínimo de tres millones de habitantes en Costa Rica y un máximo de doce millones en Guatemala) que en la sudamericana (con un mínimo de tres millones de habitantes en Uruguay y un máximo de ciento ochenta millones en Brasil).

Si se consideran los cuatro primeros operadores los índices de concentración son extremadamente elevados. Nuevamente la radio presenta el indicador más bajo y la telefonía el más alto. De hecho la telefonía básica no parece admitir mucho más que cuatro operadores en el mercado regional: el índice de concentración es muy cercano al máximo posible.

Cabe destacar que en casi todos los casos, en todas las industrias y en todos los países, la suma de los cuatro primeros operadores supera el 30% del mercado y en la mayoría supera el 50%. Esta cifra es muy alta, especialmente para las industrias culturales, que deberían por su importancia simbólica y cultural proteger la diversidad de fuentes, actores y voces. Es importante destacar que en el presente estudio los índices de concentración se han constituido por empresas y no por grupos, dado que la estructura multimedia se ha estudiado por separado. Pero no hay dudas que de haberse estudiado los índices de concentración por grupos económicos los mismos serían mucho más elevados, limitando aún más la diversidad de la oferta. Como se ha relevado en los casos nacionales, en varios mercados y especialmente en la prensa y la televisión, es común que un mismo grupo concentre varios diarios o estaciones de televisión, en un típico caso de concentración horizontal.

Tampoco se ha podido considerar el fenómeno del encadenamiento de las transmisiones, es decir, la repetición en las ciudades pequeñas de los contenidos de los principales centros urbanos. Además de incrementar los riesgos de disminución del pluralismo político este fenómeno tiene una seria consecuencia en materia de diversidad cultural y representa una amenaza para que toda la riqueza cultural de los países centroamericanos se vea reflejada en los medios de comunicación, que suelen concentrarse en los estereotipos culturales que generan mayor adhesión en la comunidad.

Si se toman en cuenta las dos dimensiones que acabamos de mencionar, la concentración horizontal de los mercados y la unificación de los contenidos a nivel nacional, se llega a la conclusión que el índice de concentración de la prensa escrita, la radio y la televisión se vería incrementado notablemente sobre los valores actuales, que son de por sí muy elevados.

Cuadro 5: Índice de concentración del primer operador por facturación

Ind. De Concentrac. Primer Operador Facturación	Costa Rica	El Salvador	Guatemala	Honduras	Nicaragua	Panamá	Rep. Dominicana
Prensa	0,71		0,54	0,35	0,62	0,28	
Radio	0,11		0,10	0,25	0,18	0,24	0,18
Televisión	0,46	0,15	0,45	0,35	0,46	0,36	
Tv de pago					1,00		
Telefonía B	1,00				1,00	1,00	
Móviles	1,00					0,53	
Promedio	0,66		0,36	0,32	0,65	0,48	

Cuadro 6: Índice de Concentración de los cuatro primeros operadores por facturación

Índ. de Concentrac. 4 primeros operadores. Facturación	Costa Rica	El Salvador	Guatemala	Honduras	Nicaragua	Panamá	Rep. Dominicana
Prensa	0,99		0,95	1,00	1,00	0,98	
Radio	0,34		0,35	0,54	0,47	0,84	0,42
Televisión	0,96	0,43	0,97	0,81	0,90	0,78	
Tv de pago					1,00	1,00	
Telefonía B	1,00				1,00	1,00	
Móviles	1,00				1,00	1,00	
Promedio	0,86		0,76	0,78	0,89	0,93	

Cuadro 7: Índice de Concentración del primer operador por cantidad de abonados, ventas o audiencia

Primer operador audiencia y abonados	Costa Rica	El Salvador	Guatemala	Honduras	Nicaragua	Panamá	Rep. Dominicana
Prensa	0,41	0,39	0,54		0,41	0,55	0,34
Radio	0,07						0,16
Televisión	0,30					0,26	0,12
Tv de pago	0,46				1,00	0,60	0,18
Telefonía B	1,00	0,90	0,82	0,95	1,00	1,00	0,82
Móviles	1,00	0,28	0,48	0,72	0,40	0,53	0,49
Promedio	0,54	0,52	0,61	0,83	0,70	0,58	0,35

Cuadro 8: Índice de Concentración de los cuatro primeros operadores por cantidad de abonados, ventas o audiencia

4 primeros operadores Audiencia y abonados	Costa Rica	El Salvador	Guatemala	Honduras	Nicaragua	Panamá	Rep. Dominicana
Prensa	0,98	0,92	0,91		1,00	0,74	0,83
Radio	0,14						0,38
Televisión	0,80					0,77	0,38
Tv de pago	0,95				1,00	1,00	
Telefonía B	1,00	0,98	0,96	1,00	1,00	1,00	1,00
Móviles	1,00	1,00	1,00	1,00	1,00	1,00	1,00
Promedio	0,81	0,96	0,95	1,00	1,00	0,90	0,71

Si se realiza un análisis más pormenorizado por sectores, se verifica que la prensa presenta niveles muy altos de concentración en casi todos los países, donde para los cuatro operadores más grandes, el dominio tanto de ventas de ejemplares como de ingresos supera el 0,9. Que, en el mejor de los casos, cuatro empresas controlen el 90% del mercado de diarios centroamericano nos habla de un nivel de concentración de la propiedad inigualado en el resto de América, y muy difícilmente alcanzado en el resto del mundo.

Si bien en el caso de la radio el índice es menor y similar a los estándares latinoamericanos, en el caso de la televisión los índices son nuevamente muy elevados, situándose en promedio por encima de 0,8. Si es preciso destacar que este hecho invierte una tendencia verificada en otras geografías, donde la prensa suele tener indicadores menores que la televisión. Lamentablemente los escasos datos obtenidos para la televisión de pago no nos permiten realizar un análisis comparativo detallado del sector.

Como se ha señalado tanto la telefonía básica como la móvil presentan los mayores niveles de concentración y en las mayorías de los casos alcanzan el máximo nivel posible, o sea 1. Esto quiere decir que se comprueba que los mercados telefónicos, por sus altas barreras de entrada, son muy poco competitivos. Esta situación es preocupante si se considera la tendencia de las más grandes empresas telefónicas de incursionar en el terreno de los medios de comunicación a partir de la convergencia tecnológica y la digitalización.

Si se analizan con mayor detalle los índices de concentración de los países, se observa que no hay mayores diferencias. El hecho de no contar con los mismos datos para todos los países dificulta la comparación. Por ejemplo incluir los datos del sector telefónico supone elevar el índice de concentración. De esta forma los comentarios que se realizan a continuación deben ser seguidos siguiendo atentamente que la carencia de datos restringe los alcances de las conclusiones obtenidas.

Del estudio de la concentración por los ingresos generados en cada mercado (Cuadro 6) se destaca que todos los países presentan índices muy altos. En el caso de Guatemala y Honduras el promedio es menor, pero debe tenerse en cuenta que en dichos países no se obtuvieron datos del sector telefónico, lo que explica la diferencia dado que en las industrias culturales los índices son similares a los de los otros países.

Si se analiza la concentración por ventas o número de abonados (Cuadro 8), el índicador más bajo esta presente en la República Dominicana. El indicador de Costa Rica es alto (0,81) y muy alto si se tiene en cuenta que de nos ser por la radio (0,18) la prensa y la televisión de pago presentan niveles similares de concentración a los de la telefonía. El resto de los países tiene índices todavía mayores, pero en estos casos sólo aparecen datos del sector telefónico, que en parte explica esa tendencia.

Luego de realizar una primera aproximación cuantitativa a la concentración de la propiedad del sector info-comunicacional, entendemos que es preciso intentar relacionar los datos obtenidos con otras variables consideradas a lo largo de la investigación.

En primer lugar, como se observa en la tabla siguiente, hemos intentado establecer si existen niveles de correspondencia entre la posición en el ranking de desarrollo humano elaborado por el PNUD, y los diversos índices de concentración que se han obtenido en nuestra indagación.

Tabla 6: Relación entre IC e Índice de PNUD

Posición PNUD Año 2000	IC TV abierta Facturación	IC TV abierta Abonados	IC Telef. Básica Facturación	IC Telef. Básica Abonados	IC. 4 oper. Facturación	IC. 4 oper. Abonados
1. Costa Rica (48)	0,96	0,80	1,00	1,00	0,86	0.81
2. Panamá (62)	0,78	0,77	1,00	1,00	0,93	0,90
3. Rep. Dom. (87)		0,38		1,00		0,71
4. El Salvador (103)	0,43			0,98		0,96
5. Nicaragua (110)	0,90		1,00	1,00	0,89	1,00
6. Honduras (115)	0,81			1,00	0,78	1,00
7. Guatemala (118)	0,97			0,96		0,95

Como se puede apreciar en la Tabla 6, no parece haber correspondencia entre los índices de concentración de la propiedad y los de desarrollo.

Otra posible articulación se obtiene a partir de cruzar los índices de concentración con la estructura poblacional de los diferentes países. Como se ha señalado al comienzo de esta investigación, el sector info-comunicacional suele aprovechar las economías de escala. De acuerdo a este criterio, en la

Tabla 7 se relacionan las posiciones entre la cantidad de habitantes de cada país y los mismos IC que en la tabla 7. En términos generales, se puede apreciar que existe mayor correspondencia entre los IC y el tamaño del mercado que con los indicadores de desarrollo humano.

Tabla 7: Relación entre IC y cantidad de habitantes

Posición por cantidad de Habitantes. Año 2000	IC TV abierta Factu-ración	IC TV abierta Abona-dos	IC Telef. Básica Factura-ción	IC Telef. Básica Abona-dos	IC. 4 oper. Factu-ración	IC. 4 oper. Abo-nados
1. Guatemala (12.389.000)	0,97			0,96	0,76	0,95
2. Rep. Dom. (8.791.000)		0,38		1,00		0,71
3. Honduras (7.174.000)	0,81			1,00	0,78	1,00
4. El Salvador (6.757.000)	0,43			0,98		0,96
5. Nicaragua (5.142.000)	0,90		1,00	1,00	0,89	1,00
6. Costa Rica (4.248.000)	0,96	0,80	1,00	1,00	0,83	0,81
7. Panamá (3.172.000)	0,78	0,77	1,00	1,00	0,93	0,90

Para simplificar, en la Tabla 8 se vincula la cantidad de habitantes al promedio de índices de concentración de cada país por facturación y por dominio de mercado. Como se puede apreciar, los primeros lugares de cada tabla tienden a equipararse, al igual que los últimos. La tabla de facturación presenta mayores coincidencias que la de abonados.

Tabla 8: *Síntesis relación entre IC y cantidad de habitantes*

Posición por cantidad de habitantes. Año 2000	IC. 4 operadores X Facturación.	IC. 4 operadores X Abonados
1. Guatemala (12.389.000)	1	4
2. Rep. Dom. (8.791.000)		1
3. Honduras (7.174.000)	2	6
4. El Salvador (6.757.000)		5
5. Nicaragua (5.142.000)	4	7
6. Costa Rica (4.248.000)	3	2
7. Panamá (3.172.000)	5	3

De todas formas y a diferencia de lo observado para América del Sur no se observa una correlación importante entre la estructura poblacional y los niveles de concentración. El hecho de que no haya grandes diferencias en la cantidad de habitantes entre el más y el menos poblado nos brinda una primera explicación de la diferencia con Sudamérica. Una vez hay que recordar que la muestra base de la comparación no ha sido homogénea en todos los países lo que relativiza los resultados. Finalmente, en cada país sería necesario considerar otros factores que no pueden ser dimensionados aquí como su estructura socioeconómica, su desarrollo histórico específico, el marco regulatorio y las políticas públicas, así como la participación de la sociedad civil.

Los grandes grupos de comunicación

Como se ha visto en el apartado anterior, el nivel de concentración de la propiedad del sector info-comunicacional es muy elevado en todos los países considerados, en todos los sectores relevados. Por su parte, en los análisis de la situación de cada país se pudo apreciar la existencia de importantes grupos de comunicación que restringen más la diversidad de voces por ser reducido el número de propietarios del sector, ya que muchos tienen presencia dominante en varias ramas de la industria. En este apartado intentaremos realizar un breve análisis de la importancia de los grupos de comunicación y avanzar en el análisis de las características regionales de los grupos.

Desde nuestra perspectiva la historia económica y política del sector info-comunicacional también podría ser sintetizada a partir de un reducido grupo de empresas concentradas que ejemplifican, como emergentes, el desarrollo del conjunto de las industrias.

En un completo estudio sobre la televisión latinoamericana John Sinclair (1999) destaca que la base del modo de propiedad y control se encuentra en sus estructuras familiares con figuras patriarcales fuertes. Sin embargo, este modelo de propiedad se ha visto afectado no sólo por el recambio generacional, sino por el proceso de "globalización". Los antiguos "campeones nacionales" deben enfrentar a grupos de escala planetaria que funcionan con la impronta de la lógica comercial y para los cuales Centroamérica suele ser presentada en su conjunto como una subcuenta.

Si los grupos nacionales habían sido tradicionales importadores de contenidos extranjeros hoy deben enfrentar la competencia de empresas globales, principalmente telefónicas guías por un expansionismo competitivo que no reconoce límites.

De esta forma, en términos de estructura de grupos de comunicación la principal novedad está marcada por la irrupción de dos grupos multinacionales con presencia en toda la región, Telmex y Telefónica, que se encuentran abocados a una carrera entre sí por el dominio de los sistemas info-comunicacionales. Si bien en principio su base de operaciones quedó enmarcada en la prestación de servicios telefónicos y de Internet, en los últimos años se han expandido hacia sectores como la televisión por cable. Estos dos grandes grupos, tienen una capacidad económica muy superior a la de los grupos de medios nacionales, y aunque dentro del conjunto de sus intereses América Central ocupa un lugar periférico, la región se torna estratégica si se trata de impedir el avance del otro grupo. Sólo en Costa Rica no está presente ninguno de estos dos grupos, pero resta ver si cuanto tiempo transcurrirá entre la prometida desregulación del mercado telefónico "tico", y la llegada de las multis telefónicas.

Frente a la impetuosa, y especialmente acaudalada irrupción de los capitales mexicanos y españoles, los grupos nacionales de medios han iniciado un discurso nacionalista que procura presionar a sus propios gobiernos para obtener marcos jurídicos que protejan sus intereses o al menos que les otorguen beneficios a la hora de negociar con las telefónicas. Sin embargo, los acuerdos de libre comercio que ha suscripto la región dificulta el trato discriminatorio hacia inversiones provenientes de otros países. Mientras tanto, los principales grupos autóctonos buscan adquirir dimensión regional. Un ejemplo lo constituye la empresa Amnet, el principal jugador en la oferta múltiple con operaciones en Costa Rica, El Salvador y Honduras. Otra expansión importante se verifica en el mercado de periódicos con el grupo Grupo La Nación, originario de Costa Rica, que ocupa el lugar 50 entre las empresas más importantes de Centroamérica con ventas por 74,8 millones de dólares. Finalmente el mexicano-guatemalteco Ángel González con su presencia y dominio del mercado televisivo en varios países se ha transformado en el tercer gran operador regional. Curiosamente, en el mercado televisivo se aprecia una muy escasa presencia de capitales norteamericanos, que de todas formas es sustantivamente mayor en los contenidos que se emiten.

De lo que no hay dudas es que será el mercado de la televisión de pago y especialmente de las redes de servicios múltiples el lugar donde se apreciarán las mayores disputas entre propietarios nacionales, grupos regionales y grandes corporaciones multinacionales en los próximos años. Resta saber si los grupos locales tendrán capacidad de hacer pesar su influencia política, o si el peso económico de las empresas telefónicas hará decantar la balanza en su favor.

Otra cuestión que importante destacar para Centroamérica es la muy escasa presencia de grupos medianos de comunicación. En el panorama info-comunicacional de la región se aprecian a los grandes players globales, a los grandes grupos nacionales, y a las pequeñas radios provinciales e incipientes diarios on-line. No ha sido posible observar grupos de tamaño medio emergentes con vocación de disputar la hegemonía de los principales operadores.

Finalmente, resulta claro que el principal y primer punto de encuentro entre las industrias culturales y las telecomunicaciones se da en el mercado de Internet, al que unas llegan como proveedoras de contenidos y otras para brindar servicios de conexión. A partir de estos servicios, tanto las telefónicas han comenzado a brindar contenidos, como algunos grupos de medios comienzan a ofrecer conectividad.

Palabras finales

Iniciamos esta investigación convencidos de que se ha hablado de la concentración de la propiedad de los medios mucho más de lo que se la ha investigado empíricamente. Por lo tanto, el objetivo inicial del trabajo era aportar datos que permitieran relevar los niveles de concentración de la propiedad de las industrias culturales, entendiendo que el subsector de medios de comunicación se halla inmerso en un proceso de compenetración con otras industrias de bienes y servicios de carácter simbólico. A su vez, fue necesario extender el objeto de indagación a las telecomunicaciones por el mismo motivo y su potencialidad convergente.

Los resultados alcanzados en el presente trabajo permiten aseverar que existe un muy alto nivel de concentración en el sector info-comunicacional en la región construyendo, por primera vez, un informe en el que se aplicó una misma metodología, sistemáticamente, para toda la región.

Ante esta situación, los Estados nacionales, las organizaciones no gubernamentales y la sociedad civil, deberían a nuestro juicio encarar el tratamiento del tema. Se trata de un sector económico que tiene gran capacidad de transmisión de contenidos simbólicos.

Al igual que en el caso sudamericano, volvemos a advertir que no se pretende establecer con los resultados hallados, lecturas deterministas sobre los efectos de la concentración en términos de influencia política. Pero nos permitimos señalar que el nivel de concentración observado es extraordinariamente elevado para cualquier sector económico, y que resulta mucho más grave por tratarse de un sector que tiene influencia sobre el volumen y los trayectos de la producción y circulación de la información en nuestras sociedades. Justamente, sociedades cuyo devenir bien puede ser interpretado como la construcción colectiva de sentido.

La investigación buscó desde sus inicios además de medir la concentración de la propiedad, relacionar este proceso con sus contextos más inmediatos como son la estructura del mercado en que se produce y las estrategias de los grupos info-comunicacionales, más allá de su participación en cada mercado. En este sentido, las principales conclusiones halladas son:

a) la estructura de los mercados analizados, de dimensión muy pequeña dificulta, el establecimiento de economías de escala. En efecto, los mercados info-comunicacionales presentan serias dificultades para su desarrollo como consecuencia de sus reducidas dimensiones. A esto debe agregarse otro fenómeno que profundiza de manera sustancial el problema como la estrema desigualdad en la distribución de la riqueza presente en la mayoría de los países. Si de por sí se trata de economías que no se encuentran entre las más potentes del planeta, la tremenda inequidad existente en la distribución del ingreso ha generado enormes bolsones de pobreza. Es impensable para una porción significativa de la población destinar una parte de sus escasos recursos al consumo cultural cuando tiene necesidades básicas insatisfechas. Su consumo de las industrias culturales queda limitado a la posibilidad de acceder a aquellos medios que no implican pago directo (pero en algunos casos tampoco se cuentan con los recursos para disponer de los aparatos reproductores). De esta forma el tamaño del mercado dificulta la existencia de una oferta diversa, y la mala distribución del ingreso genera serios problemas para el acceso de importantes sectores de la población a dicho acceso.

b) Si se verifica que aún los sectores empobrecidos suelen destinar una porción de sus escasos ingresos para adquirir servicios de telefonía móvil. En efecto, ya en 2004 se observaba el impactante crecimiento de dicho sector, cuyo crecimiento no se ha detenido desde entonces. Si bien las condiciones de acceso aparecen mayoritariamente limitadas a las de más bajo gasto (pero a mayor costo relativo) la telefonía móvil ha permitido el acceso a bienes comunicacionales básicos a franjas poblacionales antes excluidas. De todas formas por el tipo de conexión adquirida (servicios prepagos) se presupone la existencia de importantes dificultades para la migración de estos servicios a las últimas generaciones de servicios telefónicos.

c) Con la excepción del caso mencionado de la telefonía móvil, se aprecia un importante retraso en el acceso a los bienes y servicios de comunicación la utilización de tecnologías. En términos muy generales se comprobó que existe una relación entre los niveles de acceso a los bienes y servicios del sector info-comunicacional y los indicadores de desarrollo elaborados por el PNUD.

d) Se verificaron significativos niveles de concentración de la propiedad en todos los mercados analizados. El sector de las telecomunicaciones registra el mayor nivel de concentración de todos los sectores estudiados y la radio el menor. En todos los países el dominio de ventas/audiencia/ abonados, así como de la facturación (aunque no se cuenta con datos completos en este caso) de las cuatro empresas más grandes de cada sector es elevado, y va desde el 40% (promedio) en el caso de la radio a más de un 95% en telefonía básica y móvil.

e) Se observó la existencia de dos tipos de grupos de comunicación en la región. Por un lado, los grupos concentrados de capital nacional que controlan la mayoría de las industrias culturales. Con la excepción de tres casos (La Nación de Costa Rica, AMNEt, y Ángel González) no se aprecian grupos de alcance regional, ni tampoco grupos nacionales que logren posiciones dominantes en el conjunto de las industrias culturales de un país (diario, radio, televisión y cable). Por el otro lado las empresas prestadoras de servicios telefónicos que superan ampliamente a las industrias culturales por su capacidad económica. Dentro de las mismas se destacan dos grupos multinacionales con clara vocación de expansión a todos los países de la región. De hecho se ha constado la presencia de Telefónica o Telmex en todos los países centroamericanos con la excepción de Costa Rica, donde Telefónica tiene una posición marginal sólo con su portal Terra. Estas empresas están invirtiendo crecientemente en el sector de la televisión por cable.

f) Se ha observado en varios países una cada vez más estrecha relación entre el poder mediático y el poder político. Si bien han existido lazos desde los orígenes de los medios de comunicación, desde que se ha alcanzado cierta estabilidad políticas tras los acuerdos de paz se ha asistido a varios casos donde el presidente electo es directamente propietario de medios. Esta situación se reitera para otros cargos de la administración del Estado.

En los inicios del siglo XXI, en los que cotidianamente se insiste sobre la entrada en la llamada Sociedad de la Información y donde los medios y sistemas de comunicación ocupan cada día un lugar más importante tanto política como económicamente, la región centroamericana debe decidir de qué manera va a participar en ella.

Con el marco de conocimientos que consolida el trabajo, resulta claro que una tarea que debe ser asumida a la brevedad es estimular un mayor acceso de la población a los sistemas comunicacionales. También se deberían arbitrar los mecanismos para que se alcancen rendimientos económicos que permitan la sustentabilidad en el tiempo de los medios de comunicación. Ante esta situación, una posibilidad es lograr una mayor articulación de las industrias culturales de la región. En este sentido es importante no sólo incentivar la producción sino gestionar canales de distribución que faciliten la circulación de la producción entre los países, y permitan al sector productivo alcanzar una dimensión de mercado aceptable. Es preciso agregar que dichas políticas de estímulo de la producción deben ser acompañadas de una clara orientación en materia de estimular la diversidad, para evitar que se produzcan posiciones dominantes. Los actuales niveles de concentración de la propiedad deben ser limitados para estimular la diversidad de voces. En la medida en que la sociedad civil se involucre activamente en las políticas de comunicación, estas no quedarán reducidas a una disputa entre los grandes propietarios de medios de cada país y las multinacionales telefónicas que aspiran a entrar en su mercado.

Los resultados del presente trabajo, posibilitado gracias a un esfuerzo colectivo de investigadores y periodistas de distintos países centroamericanos, permiten hoy contar con indicadores inéditos en la región y reeditar, con el marco metodológico construido, el relevamiento de datos para actualizar las conclusiones y realizar, a modo de series históricas, el seguimiento del sector sobre información actualizada.

El desafío colectivo que queda pendiente es construir sistemas comunicacionales que den cuenta y respondan a los más diversos intereses presentes en las sociedades. Los datos aportados en la presente investigación contribuyen a sostener las tesis de quienes piensan que el sistema de medios actual dista de ser pluralista, tanto cultural como políticamente. Estamos convencidos que un sistema de medios democrático constituye una herramienta indispensable para alcanzar sociedades más democráticas. Los niveles de concentración en la propiedad de sector infocomunicacional hacen pensar sobre la importancia que de la sociedad asuma como impostergable la tarea de promover una mayor diversidad.

Referencias bibliográficas

Bagdikian, Ben (1986) *El monopolio de los medios de difusión*, Fondo de Cultura Económica, México.

Basualdo, Eduardo (2000) Concentración y centralización del capital en la Argentina durante la década del noventa, Universidad Nacional de Quilmes, Bernal.

Becerra, Martín (2000), "De la divergencia a la convergencia en la sociedad informacional: fortalezas y debilidades de un proceso inconcluso", en *Revista Zer de estudios de comunicación*, Facultad de Ciencias Sociales, Universidad del País Vasco, Bilbao, p. 93-112.

Berganza, Gustavo (2004) *Dde verdad, influeyentes: los efectos de los medios en las elecciones presidenciales de 2003*, Asociación Doses, Guatemala, 120 p.

Booz-Allen &Hamilton (1992) *Study on pluralism and concentration in media. Economic Evaluation*. Brussels: Commission of the European Communities

Bustamante, E. (1999) La televisión económica. Financiación, estrategias y mercados. Barcelona: Gedisa.

Bustamante, Enrique (2002) *Comunicación y cultura en la era digital*, Gedisa, Barcelona.

Castells, Manuel (1995), La ciudad informacional: tecnologías de la información, reestructuración económica y el proceso urbano-regional, Alianza Editorial, Madrid, 504 p.

Comisión Europea (1997b), Libro Verde Sobre la convergencia de los sectores de telecomunicaciones, medios de comunicación y tecnologías de la información y sobre sus consecuencias para la reglamentación en la perspectiva de la sociedad de la información, Comisión Europea, Bruselas, 45 p.

Comunidad Económica Europea (1992), *Study on pluralism and concentration in media – Economic Evaluation*, Booz – Allen & Hamilton, Bruselas.

Chamorro, Carlos (2001) *El turno de los medios. El periodismo centroamericano frente a la agenda de la democratización,* Mimeo, Managua.

Chamorro, Carlos (2002) *Los medios de comunicación colectiva en Centroamérica*, ponencia preparada para el segundo informe sobre el desarrollo humano en Centroamérica y Panamá, Managua.

Della Vigna, S. & Kaplan, E. (2006) *The Fox News effect: Media bias and voting,* Cambridge: National Bureau of Economic Research.

Djankov, Simeon et altrii (2001) *Who owns the media?,* mimeo, 52 p.

Doyle, Gillian (2002) *Media ownership*, Sage, Londres.

Dyson, Kenneth y Peter Humphreys (1988) *Broadcasting ann new media policies in Western Europe*, Routledge, Londres.

Fox, Elizabeth y Silvio Waisbord (2002), *Latin politics, global media*, Universidad de Texas, Austin.

García Canclini, Néstor (2001), "Por qué legislar sobre industrias culturales", en *Nueva Sociedad* n° 175, Nueva Sociedad, Caracas.

García Canclini (2004), *Diferentes, desiguales, desconectados*, Gedisa, Barcelona, 223 p.

Groseclose, T. & Milo, J. (2005) "A measure of media bias", en *Quarterly Journal of economics,* Vol. CXX. No. 4, Harvard, MIT.

Herman. E & McChesney, R. (1997) The global media. The new Missionaries of corporate capitalism, Madrid: Cátedra.

Llorens Maluquer, C. (2001) Concentración de empresas de comunicación y el pluralismo: la acción de la Unión Europea, Barcelona: Tesis Doctoral.

Llorens-Maluquer, C. (1998), "La convergencia estructural entre las empresas de telecomunicaciones y del audiovisual", en *Revista ZER*, N° 5, Universidad del País Vasco, Bilbao.

Mastrini, Guillermo y Martín Becerra (2001), "50 años de concentración de medios en América Latina: del patriarcado artesanal a la valorización en escala", en Quirós Fernández, Fernando y Francisco Sierra Caballero (eds) *Globalización, comunicación y democracia. Crítica de la economía política de la comunicación y la cultura*, Comunicación Social Ediciones y Publicaciones, Sevilla, España, p. 179-208.

Mastrini, G. & Becerra, M. (2006) Periodistas y magnates. Estructura y concentración de las industrias culturales en América Latina, Buenos Aires: Prometeo.

McChesney, Robert (2002), "Economía política de los medios y las industrias de la información en un mundo globalizado", en Vidal Beneyto, José (director), *La ventana global*, Taurus, Madrid, p. 233-247.

Mejía, Thelma (2007) *Situación del derecho a la información en Honduras*, Consejo Nacional Anticorrupción, Tegucigalpa, 42 p.

Miguel de Bustos, Juan C. (1993), Los grupos multimedia: estructuras y estrategias en los medios europeos, Bosch, Barcelona, 348 p.

Miguel de Bustos, Juan C. (2003), "Los grupos de comunicación: la hora de la convergencia", en Bustamante, Enrique (coord.), *Hacia un nuevo sistema mundial de comunicación. Las industrias culturales en la era digital*, Gedisa, Barcelona, p. 227-256.

Montenegro, Sofía (2007) *Los medios de comunicación como actores políticos en Nicaragua*, Centro de Investigaciones de la Comunicación, Managua, 252 p.

Muraro, Heriberto (1974), *Neocapitalismo y comunicación de masa*, Eudeba, Bs. As.

Murdock, Graham (1990), "Redrawing the map of the communications industries: concentration and ownwership in the era of privatization", en Ferguson, Marjorie (ed.) *Public Communication. The new imperatives*, Sage, Londres, p. 1-15.

Murdock, G. y Peter Golging, "Capitalismo, comunicaciones y relaciones de clase", en James Curran (ed.) Sociedad y comunicación de masas, Fondo de Cultura Económica, México, p.22-57.

Nieto, A. & Iglesias, F. (2000) *La empresa informativa,* Madrid: Ariel.

Noam, E. (2006) "How to measure media concentration", en FT.com, 06/19/2006

Pérez Gómez, A. (2000), "Las concentraciones de medios de comunicación", en *Quaderns del Consell de l'Audiovisual de Catalunya*, Consell de l'Audiovisual de Catalunya, Barcelona, p. 81-91.

Pérez Gómez, A. (2002) El control de las concentraciones de medios de comunicación, Madrid: Dykinson.

Petkovic, B. (2004) Media ownership and its impact on media independence and pluralism, Ljubljana: Peace Institute

Peraza, Xiomara (2000), "Boris Eserski y la propiedad de los medios de difusión", en *Revista Proceso*, Número 930, San Salvador, disponible en www.uca.edu.sv/publica/proceso/proc930html

Punie, Yves, Jean-Claude Burgelman y Marc Bogdanowicz (2002), "El futuro de las industrias de medios informativos: factores de cambio y escenarios posibles para 2005 y después", en *revista Telos n 53*, octubre diciembre, Fundación Telefónica, Madrid, p. 101-111.

Rockwell, Rick y Noreene Janus (2003) *Media power in Central America,* Illinois, Universidad de Illinois.

Sánchez Tabernero, A. y Miguel Carvajal, "Concentración de empresas de comunicación en Europa: nuevos datos contradicen los viejos mitos", en Revista *Comunicación y Sociedad*, Vol XV num. 1, p. 129-162.

Segovia, Alejandro (2005) *Integración real y grupos de poder económico en América Centra: Implicaciones para el desarrollo y la democracia de la región*, San José, Fundación F. Ebert

Sinclair, John (2000), *Televisión, comunicación global y regionalización*, Gedisa, Barcelona, 158 p.

Sussman, Gerald (1997), *Communication, Technology, and Politics in the Information Age*, SAGE, Londres, 319 p.

Tendencias 2007 (2007) *Medios de comunicación. El escenario Iberoamericano,* Madrid, Fundación Telefónica. Investigación coordinada por Bernardo Díaz Nosty.

Torres López, Juan, y Ramón Zallo (1991), "Economía de la información. Nuevas mercancías, nuevos objetos teóricos", en *Telos* n°28, Fundesco, Madrid, p. 54-67.

Ward, D. (2004) A mapping study of media concentration and ownership in ten European countries, Amsterdam: Netherlands Media Authority

Yúdice, George (2002), El recurso de la cultura: usos de la cultura en la era global, Gedisa, Barcelona, 475 p.

Zallo, Ramón (1988), *Economía de la Comunicación y la Cultura*, Akal, Madrid, 207 p.

Zallo, Ramón (1992), El mercado de la cultura. Estructura económica y política de la comunicación, Gakoa, Donostia, 245 p.

Zenith Optimedia (2004) *Americas Market &Media Fact,* Londres.

Artículos periodísticos y páginas web

Brenes Vargas, Rodolfo (2006) "Pluralismo y concentración", en www.lanacion.com

Molina, Félix Antonio, "La mediocracia, un poder que gobierna Honduras", **disponible en** http://libertad-de-expresion.rds.hn

Poveda Jorge (2007) "Los medios de comunicación en Costa Rica", en www.democraciadigital.org

Sala de Redacción (2006) Año 4, Número 37, Asociación Doses, Guatemala.

Sala de Redacción (2006) Año 4, Número 44, Asociación Doses, Guatemala.

Sala de Redacción (2007) Año 4, Número 49, Asociación Doses, Guatemala.

Sala de Redacción (2007) Año 4, Número 56, Centro Civitas, Guatemala.

Sala de Redacción (2008) Año 5, Número 63, Centro Civitas, Guatemala.

www.transparency.org

[1] Se promedian las posiciones obtenidas